卞尺丹几乙し丹卞と
Translated Language Learning

Siddhartha
Sziddhárta

An Indian Poem
Egy Indiai Vers

Hermann Hesse

English / Magyar

Copyright © 2024 Tranzlaty
All rights reserved
Published by Tranzlaty
Siddhartha – Eine Indische Dichtung
ISBN: 978-1-83566-685-2
Original text by Hermann Hesse
First published in German in 1922
www.tranzlaty.com

The Son of the Brahman
A Brahman fia

In the shade of the house
A ház árnyékában
in the sunshine of the riverbank
a folyópart napsütésében
near the boats
a csónakok közelében
in the shade of the Sal-wood forest
a Sal-wood erdő árnyékában
in the shade of the fig tree
a fügefa árnyékában
this is where Siddhartha grew up
itt nőtt fel Sziddhárta
he was the handsome son of a Brahman, the young falcon
egy Brahman, a fiatal sólyom szép fia volt
he grew up with his friend Govinda
barátjával, Govindával nőtt fel
Govinda was also the son of a Brahman
Govinda szintén egy brahman fia volt
by the banks of the river the sun tanned his light shoulders
a folyó partján a nap barnította világos vállát
bathing, performing the sacred ablutions, making sacred offerings
fürdés, a szent mosdás elvégzése, szent felajánlások készítése
In the mango garden, shade poured into his black eyes
A mangókertben árnyék ömlött fekete szemébe
when playing as a boy, when his mother sang
amikor fiúként játszott, amikor az anyja énekelt
when the sacred offerings were made
amikor a szent áldozatokat bemutatták
when his father, the scholar, taught him
amikor az apja, a tudós megtanította
when the wise men talked
amikor a bölcsek beszéltek

For a long time, Siddhartha had been partaking in the discussions of the wise men
Sziddhárta hosszú ideje részt vett a bölcsek megbeszélésein
he practiced debating with Govinda
gyakorolta a vitát Govindával
he practiced the art of reflection with Govinda
a reflexió művészetét gyakorolta Govindával
and he practiced meditation
és meditációt gyakorolt
He already knew how to speak the Om silently
Már tudta, hogyan kell némán beszélni az om-ot
he knew the word of words
ismerte a szavak szavát
he spoke it silently into himself while inhaling
némán magában beszélt, miközben belélegzett
he spoke it silently out of himself while exhaling
némán kimondta magából, miközben kifújta
he did this with all the concentration of his soul
ezt lelke teljes koncentrálásával tette
his forehead was surrounded by the glow of the clear-thinking spirit
homlokát a tisztán gondolkodó szellem izzása vette körül
He already knew how to feel Atman in the depths of his being
Már tudta, hogyan érezze Atmant lénye legmélyén
he could feel the indestructible
érezhette az elpusztíthatatlant
he knew what it was to be at one with the universe
tudta, mit jelent egyben lenni a világegyetemmel
Joy leapt in his father's heart
Öröm ugrott apja szívébe
because his son was quick to learn
mert a fia gyorsan tanult
he was thirsty for knowledge
tudásra szomjazott

his father could see him growing up to become a great wise man
apja láthatta, ahogy felnőve nagy bölcs emberré válik
he could see him becoming a priest
láthatta, hogy pap lesz belőle
he could see him becoming a prince among the Brahmans
láthatta, amint herceggé válik a brahmanok között
Bliss leapt in his mother's breast when she saw him walking
Bliss anyja mellébe ugrott, amikor meglátta sétálni
Bliss leapt in her heart when she saw him sit down and get up
Bliss a szívébe ugrott, amikor látta, hogy leül és felkel
Siddhartha was strong and handsome
Sziddhárta erős és jóképű volt
he, who was walking on slender legs
ő, aki karcsú lábakon járt
he greeted her with perfect respect
tökéletes tisztelettel üdvözölte
Love touched the hearts of the Brahmans' young daughters
A szerelem megérintette a brahmanok fiatal lányainak szívét
they were charmed when Siddhartha walked through the lanes of the town
elbűvölték őket, amikor Sziddhárta végigsétált a város utcáin
his luminous forehead, his eyes of a king, his slim hips
ragyogó homloka, király szeme, karcsú csípője
But most of all he was loved by Govinda
De leginkább Govinda szerette
Govinda, his friend, the son of a Brahman
Govinda, a barátja, egy brahman fia
He loved Siddhartha's eye and sweet voice
Imádta Sziddhárta szemét és édes hangját
he loved the way he walked
szerette a járást
and he loved the perfect decency of his movements
és szerette mozdulatainak tökéletes tisztességét
he loved everything Siddhartha did and said

mindent szeretett, amit Sziddhárta tett és mondott
but what he loved most was his spirit
de leginkább a szellemét szerette
he loved his transcendent, fiery thoughts
szerette transzcendens, tüzes gondolatait
he loved his ardent will and high calling
szerette buzgó akaratát és magas hivatását
Govinda knew he would not become a common Brahman
Govinda tudta, hogy nem lesz egyszerű Brahman
no, he would not become a lazy official
nem, nem lesz belőle lusta hivatalnok
no, he would not become a greedy merchant
nem, nem lesz belőle mohó kereskedő
not a vain, vacuous speaker
nem egy hiú, üres hangszóró
nor a mean, deceitful priest
sem aljas, álnok pap
and he also would not become a decent, stupid sheep
és nem is lesz belőle tisztességes, ostoba bárány
a sheep in the herd of the many
egy bárány a sok közül
and he did not want to become one of those things
és nem akart azok közé tartozni
he did not want to be one of those tens of thousands of Brahmans
nem akart egyike lenni annak a több tízezer brahmannak
He wanted to follow Siddhartha; the beloved, the splendid
Követni akarta Sziddhártát; a szeretett, a csodálatos
in days to come, when Siddhartha would become a god, he would be there
az elkövetkező napokban, amikor Sziddhárta istenné válik, ott lesz
when he would join the glorious, he would be there
amikor csatlakozik a dicsőségeshez, ott lesz
Govinda wanted to follow him as his friend
Govinda a barátjaként akarta követni

he was his companion and his servant
társa és szolgája volt
he was his spear-carrier and his shadow
ő volt a lándzsahordozója és az árnyéka
Siddhartha was loved by everyone
Sziddhártát mindenki szerette
He was a source of joy for everybody
Mindenki számára örömforrás volt
he was a delight for them all
mindannyiuknak örömet okozott
But he, Siddhartha, was not a source of joy for himself
De ő, Sziddhárta, önmagának nem volt örömforrás
he found no delight in himself
nem lelte örömét magában
he walked the rosy paths of the fig tree garden
a fügefakert rózsás ösvényeit járta
he sat in the bluish shade in the garden of contemplation
a kékes árnyékban ült a szemlélődés kertjében
he washed his limbs daily in the bath of repentance
naponta megmosta a végtagjait a bűnbánat fürdőjében
he made sacrifices in the dim shade of the mango forest
áldozatot hozott a mangóerdő félhomályában
his gestures were of perfect decency
gesztusai tökéletes tisztességesek voltak
he was everyone's love and joy
ő volt mindenki szeretete és öröme
but he still lacked all joy in his heart
de még mindig hiányzott minden öröm a szívéből
Dreams and restless thoughts came into his mind
Álmok és nyugtalan gondolatok jutottak eszébe
his dreams flowed from the water of the river
álmai a folyó vizéből áradtak
his dreams sparked from the stars of the night
álmai az éjszaka csillagaitól szikráztak
his dreams melted from the beams of the sun
álmai kiolvadtak a nap sugaraitól

dreams came to him, and a restlessness of the soul came to him
álmok jöttek rá, és a lélek nyugtalansága támadt rá
his soul was fuming from the sacrifices
lelke füstölt az áldozatoktól
he breathed forth from the verses of the Rig-Veda
lehelte ki a Rig-Veda verseiből
the verses were infused into him, drop by drop
cseppenként ivódtak belé a versek
the verses from the teachings of the old Brahmans
a verseket a régi brahmanok tanításaiból
Siddhartha had started to nurse discontent in himself
Sziddhárta elkezdte magában táplálni az elégedetlenséget
he had started to feel doubt about the love of his father
kezdett kételkedni apja szeretetében
he doubted the love of his mother
kételkedett anyja szeretetében
and he doubted the love of his friend, Govinda
és kételkedett barátja, Govinda szerelmében
he doubted if their love could bring him joy forever and ever
kételkedett abban, hogy szerelmük örökkön-örökké örömet szerezhet-e neki
their love could not nurse him
szerelmük nem tudta őt ápolni
their love could not feed him
szerelmük nem tudta táplálni
their love could not satisfy him
szerelmük nem tudta kielégíteni
he had started to suspect his father's teachings
gyanakodni kezdett apja tanításaira
perhaps he had shown him everything he knew
talán mindent megmutatott neki, amit tudott
there were his other teachers, the wise Brahmans
ott voltak a többi tanítói, a bölcs brahmanok

perhaps they had already revealed to him the best of their wisdom
talán már felfedték előtte bölcsességük legjavát
he feared that they had already filled his expecting vessel
attól tartott, hogy már megtöltötték várakozó edényét
despite the richness of their teachings, the vessel was not full
tanításaik gazdagsága ellenére az edény nem volt tele
the spirit was not content
a szellem nem volt elégedett
the soul was not calm
a lélek nem volt nyugodt
the heart was not satisfied
a szív nem volt elégedett
the ablutions were good, but they were water
a tisztálkodás jó volt, de víz volt
the ablutions did not wash off the sin
a mosdások nem mosták le a bűnt
they did not heal the spirit's thirst
nem gyógyították meg a szellem szomjúságát
they did not relieve the fear in his heart
nem enyhítették a félelmet a szívében
The sacrifices and the invocation of the gods were excellent
Az áldozatok és az istenek megszólítása kiváló volt
but was that all there was?
de csak ennyi volt?
did the sacrifices give a happy fortune?
boldog vagyont hoztak az áldozatok?
and what about the gods?
és mi van az istenekkel?
Was it really Prajapati who had created the world?
Valóban Prajapati teremtette a világot?
Was it not the Atman who had created the world?
Nem az Atman teremtette a világot?
Atman, the only one, the singular one
Atman, az egyetlen, az egyedülálló

Were the gods not creations?
Az istenek nem teremtmények voltak?
were they not created like me and you?
nem úgy teremtettek, mint én és te?
were the Gods not subject to time?
az istenek nem voltak alávetve az időnek?
were the Gods mortal? Was it good?
halandók voltak az istenek? jó volt?
was it right? was it meaningful?
helyes volt? volt értelme?
was it the highest occupation to make offerings to the gods?
az volt-e a legmagasabb hivatás az istenek felajánlása?
For whom else were offerings to be made?
Kinek másért kellett felajánlani?
who else was to be worshipped?
kit kellett még imádni?
who else was there, but Him?
ki más volt ott, csak Ő?
The only one, the Atman
Az egyetlen, az Atman
And where was Atman to be found?
És hol volt Atman?
where did He reside?
hol lakott?
where did His eternal heart beat?
hol dobbant örök szíve?
where else but in one's own self?
hol máshol, mint a saját önmagában?
in its innermost indestructible part
legbelső elpusztíthatatlan részében
could he be that which everyone had in himself?
ő lehet az, ami mindenkiben benne volt?
But where was this self?
De hol volt ez az én?
where was this innermost part?
hol volt ez a legbelső rész?

where was this ultimate part?
hol volt ez a végső rész?
It was not flesh and bone
Nem hús és csont volt
it was neither thought nor consciousness
nem volt sem gondolat, sem tudat
this is what the wisest ones taught
ezt tanították a legbölcsebbek
So where was it?
Szóval hol volt?
the self, myself, the Atman
az én, önmagam, az Atman
To reach this place, there was another way
Más módon lehetett elérni ezt a helyet
was this other way worth looking for?
érdemes volt más utat keresni?
Alas, nobody showed him this way
Sajnos senki nem mutatta meg neki ezt az utat
nobody knew this other way
senki sem tudta ezt másképp
his father did not know it
az apja nem tudta
and the teachers and wise men did not know it
és a tanárok és a bölcsek nem tudták
They knew everything, the Brahmans
Ők mindent tudtak, a brahmanok
and their holy books knew everything
és szent könyveik mindent tudtak
they had taken care of everything
mindenről gondoskodtak
they took care of the creation of the world
gondoskodtak a világ teremtéséről
they described origin of speech, food, inhaling, exhaling
leírták a beszéd eredetét, táplálékot, belégzést, kilégzést
they described the arrangement of the senses
leírták az érzékszervek elrendezését

they described the acts of the gods
leírták az istenek cselekedeteit
their books knew infinitely much
könyveik végtelenül sokat tudtak
but was it valuable to know all of this?
de vajon értékes volt mindezt tudni?
was there not only one thing to be known?
nem csak egy dolgot lehetett tudni?
was there still not the most important thing to know?
még mindig nem volt a legfontosabb tudnivaló?
many verses of the holy books spoke of this innermost, ultimate thing
a szent könyvek sok verse beszélt erről a legbensőbb, végső dologról
it was spoken of particularly in the Upanishades of Samaveda
különösen a Samaveda Upanishadesben volt szó róla
they were wonderful verses
csodálatos versek voltak
"Your soul is the whole world", this was written there
„A te lelked az egész világ" – ez volt odaírva
and it was written that man in deep sleep would meet with his innermost part
és meg volt írva, hogy a mély álomban lévő ember találkozik a legbelső részével
and he would reside in the Atman
és az Atmanban lakna
Marvellous wisdom was in these verses
Csodálatos bölcsesség volt ezekben a versekben
all knowledge of the wisest ones had been collected here in magic words
a legbölcsebbek minden tudását itt gyűjtötték össze varázsszóval
it was as pure as honey collected by bees
olyan tiszta volt, mint a méhek által gyűjtött méz
No, the verses were not to be looked down upon

Nem, a verseket nem szabad lenézni
they contained tremendous amounts of enlightenment
óriási mennyiségű megvilágosodást tartalmaztak
they contained wisdom which lay collected and preserved
bölcsességet tartalmaztak, amely összegyűjtött és megőrzött
wisdom collected by innumerable generations of wise Brahmans
bölcs brahmanok számtalan generációja által gyűjtött bölcsesség
But where were the Brahmans?
De hol voltak a brahmanok?
where were the priests?
hol voltak a papok?
where the wise men or penitents?
hol a bölcsek vagy a bűnbánók?
where were those that had succeeded?
hol voltak azok, akiknek sikerült?
where were those who knew more than deepest of all knowledge?
hol voltak azok, akik többet tudtak minden tudás közül a legmélyebbnél?
where were those that also lived out the enlightened wisdom?
hol voltak azok, akik szintén megélték a megvilágosodott bölcsességet?
Where was the knowledgeable one who brought Atman out of his sleep?
Hol volt az a hozzáértő, aki felhozta álmából Atmant?
who had brought this knowledge into the day?
ki hozta ezt a tudást a napba?
who had taken this knowledge into their life?
ki vette át ezt a tudást az életébe?
who carried this knowledge with every step they took?
aki ezt a tudást minden lépésével hordozta?
who had married their words with their deeds?
akik összeházasították szavaikat a tetteikkel?

Siddhartha knew many venerable Brahmans
Sziddhárta sok tiszteletreméltó brahmant ismert
his father, the pure one
az apja, a tiszta
the scholar, the most venerable one
a tudós, a legtiszteletreméltóbb
His father was worthy of admiration
Apja méltó volt a csodálatra
quiet and noble were his manners
csendes és nemes volt a modora
pure was his life, wise were his words
tiszta volt az élete, bölcsek a szavai
delicate and noble thoughts lived behind his brow
finom és nemes gondolatok éltek a homloka mögött
but even though he knew so much, did he live in blissfulness?
de bár annyit tudott, boldogan élt?
despite all his knowledge, did he have peace?
minden tudása ellenére békéje volt?
was he not also just a searching man?
nem is csak egy kereső ember volt?
was he still not a thirsty man?
még mindig nem volt szomjas ember?
Did he not have to drink from holy sources again and again?
Nem kellett újra és újra szent forrásból innia?
did he not drink from the offerings?
nem ivott az áldozatokból?
did he not drink from the books?
nem ivott a könyvekből?
did he not drink from the disputes of the Brahmans?
nem ivott a brahmanok vitáiból?
Why did he have to wash off sins every day?
Miért kellett minden nap lemosnia a bűneit?
must he strive for a cleansing every day?
minden nap megtisztulásra kell törekednie?
over and over again, every day

újra és újra, minden nap
Was Atman not in him?
Atman nem volt benne?
did not the pristine source spring from his heart?
nem az ősi forrás fakadt-e ki a szívéből?
the pristine source had to be found in one's own self
az ősforrást saját énben kellett megtalálni
the pristine source had to be possessed!
az érintetlen forrást birtokolni kellett!
doing anything else else was searching
bármi mást csinált a keresés
taking any other pass is a detour
minden más bérlet elfogadása kerülőút
going any other way leads to getting lost
más utat járva eltévedéshez vezet
These were Siddhartha's thoughts
Ezek Siddhartha gondolatai voltak
this was his thirst, and this was his suffering
ez volt a szomjúsága, és ez volt a szenvedése
Often he spoke to himself from a Chandogya-Upanishad:
Gyakran beszélt magában egy Chandogya-Upanishadból:
"Truly, the name of the Brahman is Satyam"
"Valóban, a Brahman neve Satyam"
"he who knows such a thing, will enter the heavenly world every day"
"aki tud ilyesmit, minden nap belép a mennyei világba"
Often the heavenly world seemed near
A mennyei világ gyakran közelinek tűnt
but he had never reached the heavenly world completely
de soha nem jutott el teljesen a mennyei világba
he had never quenched the ultimate thirst
soha nem oltotta a végső szomjúságot
And among all the wise and wisest men, none had reached it
És az összes bölcs és legbölcsebb ember közül senki sem érte el
he received instructions from them
utasítást kapott tőlük

but they hadn't completely reached the heavenly world
de még nem jutottak el teljesen a mennyei világba
they hadn't completely quenched their thirst
még nem oltották el teljesen a szomjukat
because this thirst is an eternal thirst
mert ez a szomjúság örök szomjúság

"Govinda" Siddhartha spoke to his friend
"Govinda" Siddhartha szólt a barátjához
"Govinda, my dear, come with me under the Banyan tree"
"Govinda, kedvesem, gyere velem a Banyan fa alá"
"let's practise meditation"
"gyakoroljuk a meditációt"
They went to the Banyan tree
A Banyan fához mentek
under the Banyan tree they sat down
a Banyan fa alatt leültek
Siddhartha was right here
Sziddhárta itt volt
Govinda was twenty paces away
Govinda húsz lépésnyire volt tőle
Siddhartha seated himself and he repeated murmuring the verse
Sziddhárta leült, és megismételte a vers mormolását
Om is the bow, the arrow is the soul
Om az íj, a nyíl a lélek
The Brahman is the arrow's target
A Brahman a nyíl célpontja
the target that one should incessantly hit
a cél, amit szüntelenül el kell találni
the usual time of the exercise in meditation had passed
a meditációs gyakorlat szokásos ideje letelt
Govinda got up, the evening had come
Govinda felkelt, eljött az este
it was time to perform the evening's ablution
ideje volt elvégezni az esti mosdást

He called Siddhartha's name, but Siddhartha did not answer
Sziddhártát kiáltotta, de Sziddhárta nem válaszolt
Siddhartha sat there, lost in thought
Sziddhárta gondolataiba merülve ült ott
his eyes were rigidly focused towards a very distant target
tekintete mereven egy nagyon távoli célpontra fókuszált
the tip of his tongue was protruding a little between the teeth
nyelve hegye kissé kilógott a fogak között
he seemed not to breathe
úgy tűnt, nem lélegzik
Thus sat he, wrapped up in contemplation
Így ült, elmélkedésbe burkolózva
he was deep in thought of the Om
mélyen a gondolataiba merült az Om
his soul sent after the Brahman like an arrow
lelke nyílként küldött a Brahman után
Once, Samanas had travelled through Siddhartha's town
Egyszer Samanas keresztülutazott Siddhartha városán
they were ascetics on a pilgrimage
aszkéták voltak zarándokúton
three skinny, withered men, neither old nor young
három sovány, kiszáradt férfi, se nem öreg, se nem fiatal
dusty and bloody were their shoulders
poros és véres volt a válluk
almost naked, scorched by the sun, surrounded by loneliness
szinte meztelenül, megperzselte a nap, körülötte a magány
strangers and enemies to the world
idegenek és ellenségei a világnak
strangers and jackals in the realm of humans
idegenek és sakálok az emberek birodalmában
Behind them blew a hot scent of quiet passion
Mögöttük a csendes szenvedély forró illata lehelt
a scent of destructive service
a pusztító szolgálat illata

a scent of merciless self-denial
a könyörtelen önmegtagadás illata
the evening had come
eljött az este
after the hour of contemplation, Siddhartha spoke to Govinda
a szemlélődés órája után Sziddhárta Govindához beszélt
"Early tomorrow morning, my friend, Siddhartha will go to the Samanas"
"Holnap kora reggel, barátom, Sziddhárta a Samanasba megy"
"He will become a Samana"
"Szamana lesz belőle"
Govinda turned pale when he heard these words
Govinda elsápadt, amikor meghallotta ezeket a szavakat
and he read the decision in the motionless face of his friend
és barátja mozdulatlan arcáról olvasta a döntést
the determination was unstoppable, like the arrow shot from the bow
az elszántság megállíthatatlan volt, akár az íjból kilőtt nyílvessző
Govinda realized at first glance; now it is beginning
Govinda első pillantásra rájött; most kezdődik
now Siddhartha is taking his own way
most Sziddhárta a saját útját választja
now his fate is beginning to sprout
most kezd kicsírázni a sorsa
and because of Siddhartha, Govinda's fate is sprouting too
és Sziddhárta miatt Govinda sorsa is kivirágzik
he turned pale like a dry banana-skin
sápadt lett, mint egy száraz banánbőr
"Oh Siddhartha," he exclaimed
– Ó, Sziddhárta – kiáltott fel
"will your father permit you to do that?"
– Apád megengedi neked, hogy ezt megtedd?
Siddhartha looked over as if he was just waking up
Sziddhárta úgy nézett rá, mintha csak felébredne

like an Arrow he read Govinda's soul
mint egy Nyíl olvasta Govinda lelkét
he could read the fear and the submission in him
ki tudta olvasni benne a félelmet és az alávetettséget
"Oh Govinda," he spoke quietly, "let's not waste words"
– Ó, Govinda – szólalt meg halkan –, ne vesztegessük a szavakat!
"Tomorrow at daybreak I will begin the life of the Samanas"
"Holnap hajnalban elkezdem a Samanák életét"
"let us speak no more of it"
"Ne beszéljünk róla többet"

Siddhartha entered the chamber where his father was sitting
Sziddhárta belépett a kamrába, ahol az apja ült
his father was was on a mat of bast
az apja egy szőnyegen volt
Siddhartha stepped behind his father
Sziddhárta apja mögé lépett
and he remained standing behind him
és ott maradt mögötte
he stood until his father felt that someone was standing behind him
addig állt, amíg apja meg nem érezte, hogy valaki áll mögötte
Spoke the Brahman: "Is that you, Siddhartha?"
Megszólalt a Brahman: "Te vagy az, Sziddhárta?"
"Then say what you came to say"
"Akkor mondd, amit mondani jöttél"
Spoke Siddhartha: "With your permission, my father"
Sziddhárta megszólalt: "Engedelmeddel, apám"
"I came to tell you that it is my longing to leave your house tomorrow"
"Azért jöttem, hogy elmondjam, nagyon vágyom arra, hogy holnap elhagyjam a házadat"
"I wish to go to the ascetics"
"Az aszkétákhoz szeretnék menni"
"My desire is to become a Samana"

"Az a vágyam, hogy Samana legyek"
"May my father not oppose this"
"Apám ne ellenezze ezt"
The Brahman fell silent, and he remained so for long
A Brahman elhallgatott, és sokáig így is maradt
the stars in the small window wandered
vándoroltak a csillagok a kis ablakban
and they changed their relative positions
és megváltoztatták egymáshoz viszonyított helyzetüket
Silent and motionless stood the son with his arms folded
A fiú némán és mozdulatlanul állt karba tett kézzel
silent and motionless sat the father on the mat
némán és mozdulatlanul ült az apa a szőnyegen
and the stars traced their paths in the sky
és a csillagok követték útjukat az égen
Then spoke the father
Aztán megszólalt az apa
"it is not proper for a Brahman to speak harsh and angry words"
"Nem illik egy brahmannak kemény és dühös szavakat mondani"
"But indignation is in my heart"
"De a felháborodás a szívemben van"
"I wish not to hear this request for a second time"
"Nem szeretném másodszor meghallani ezt a kérést"
Slowly, the Brahman rose
A Brahman lassan felemelkedett
Siddhartha stood silently, his arms folded
Sziddhárta némán állt, karba tett kézzel
"What are you waiting for?" asked the father
– Mit vársz? kérdezte az apa
Spoke Siddhartha, "You know what I'm waiting for"
Sziddhárta beszélt: "Tudod, mire várok"
Indignant, the father left the chamber
Az apa felháborodva elhagyta a kamrát
indignant, he went to his bed and lay down

felháborodva az ágyához ment és lefeküdt
an hour passed, but no sleep had come over his eyes
eltelt egy óra, de nem jött álom a szemére
the Brahman stood up and he paced to and fro
a Brahman felállt, és ide-oda járkált
and he left the house in the night
és éjszaka elhagyta a házat
Through the small window of the chamber he looked back inside
A kamra kis ablakán keresztül visszanézett
and there he saw Siddhartha standing
és ott látta Sziddhártát állni
his arms were folded and he had not moved from his spot
karjait összefonta, és nem mozdult el a helyéről
Pale shimmered his bright robe
Sápadtan megcsillant fényes köntösében
With anxiety in his heart, the father returned to his bed
Az apa szorongással a szívében visszatért az ágyába
another sleepless hour passed
újabb álmatlan óra telt el
since no sleep had come over his eyes, the Brahman stood up again
mivel nem jött álom a szemére, a Brahman ismét felállt
he paced to and fro, and he walked out of the house
ide-oda járkált, és kisétált a házból
and he saw that the moon had risen
és látta, hogy felkelt a hold
Through the window of the chamber he looked back inside
A kamra ablakán keresztül visszanézett
there stood Siddhartha, unmoved from his spot
ott állt Sziddhárta, mozdulatlanul a helyéről
his arms were folded, as they had been
a karjait összekulcsolta, ahogy eddig is
moonlight was reflecting from his bare shins
holdfény tükröződött csupasz lábszáráról
With worry in his heart, the father went back to bed

Az apa aggodalommal a szívében visszafeküdt
he came back after an hour
egy óra múlva visszajött
and he came back again after two hours
és két óra múlva ismét visszajött
he looked through the small window
benézett a kis ablakon
he saw Siddhartha standing in the moon light
látta Sziddhártát a holdfényben állni
he stood by the light of the stars in the darkness
a csillagok fénye mellett állt a sötétben
And he came back hour after hour
És óráról órára visszajött
silently, he looked into the chamber
némán benézett a kamrába
he saw him standing in the same place
látta őt ugyanott állni
it filled his heart with anger
haraggal töltötte el a szívét
it filled his heart with unrest
nyugtalansággal töltötte el a szívét
it filled his heart with anguish
gyötrődéssel töltötte el a szívét
it filled his heart with sadness
szomorúsággal töltötte el a szívét
the night's last hour had come
eljött az éjszaka utolsó órája
his father returned and stepped into the room
apja visszatért és belépett a szobába
he saw the young man standing there
látta az ott álló fiatalembert
he seemed tall and like a stranger to him
magasnak és idegennek tűnt számára
"Siddhartha," he spoke, "what are you waiting for?"
– Sziddhárta – szólalt meg –, mire vársz?
"You know what I'm waiting for"

"Tudod, mire várok"
"Will you always stand that way and wait?
"Mindig így fogsz állni és várni?
"I will always stand and wait"
"Mindig állni fogok és várok"
"will you wait until it becomes morning, noon, and evening?"
– Megvárod, míg reggel, dél és este lesz?
"I will wait until it become morning, noon, and evening"
"Megvárom, amíg reggel, dél és este lesz"
"You will become tired, Siddhartha"
"Elfáradsz, Sziddhárta"
"I will become tired"
"Fáradt leszek"
"You will fall asleep, Siddhartha"
"El fogsz aludni, Sziddhárta"
"I will not fall asleep"
"Nem fogok elaludni"
"You will die, Siddhartha"
"Meg fogsz halni, Sziddhárta"
"I will die," answered Siddhartha
– Meg fogok halni – válaszolta Sziddhárta
"And would you rather die, than obey your father?"
– És inkább meghalnál, mint hogy engedelmeskedj apádnak?
"Siddhartha has always obeyed his father"
"Sziddhárta mindig is engedelmeskedett az apjának"
"So will you abandon your plan?"
– Tehát felhagy a tervével?
"Siddhartha will do what his father will tell him to do"
"Sziddhárta azt fogja tenni, amit az apja parancsol neki."
The first light of day shone into the room
A nap első fénye besütött a szobába
The Brahman saw that Siddhartha knees were softly trembling
A brahman látta, hogy a Sziddhárta térde lágyan remeg
In Siddhartha's face he saw no trembling

Sziddhárta arcán nem látott remegést
his eyes were fixed on a distant spot
szeme egy távoli helyre szegeződött
This was when his father realized
Ekkor jött rá az apja
even now Siddhartha no longer dwelt with him in his home
még most sem lakott vele Sziddhárta az otthonában
he saw that he had already left him
látta, hogy már elhagyta
The Father touched Siddhartha's shoulder
Az Atya megérintette Sziddhárta vállát
"You will," he spoke, "go into the forest and be a Samana"
"El fogsz menni az erdőbe, és Samana leszel" - mondta.
"When you find blissfulness in the forest, come back"
"Ha boldogságot találsz az erdőben, gyere vissza!"
"come back and teach me to be blissful"
"gyere vissza és taníts meg boldognak lenni"
"If you find disappointment, then return"
"Ha csalódást találsz, térj vissza"
"return and let us make offerings to the gods together, again"
"Térj vissza, és tegyünk ismét együtt felajánlásokat az isteneknek"
"Go now and kiss your mother"
"Menj és csókold meg anyádat"
"tell her where you are going"
"Mondd meg neki, hova mész"
"But for me it is time to go to the river"
"De nekem itt az ideje, hogy a folyóhoz menjek"
"it is my time to perform the first ablution"
"Itt az időm, hogy elvégezzem az első mosást"
He took his hand from the shoulder of his son, and went outside
Levette a kezét fia válláról, és kiment
Siddhartha wavered to the side as he tried to walk
Sziddhárta oldalra intett, miközben megpróbált járni
He put his limbs back under control and bowed to his father

Visszavette a végtagjait, és meghajolt apja előtt
he went to his mother to do as his father had said
elment az anyjához, hogy úgy tegye, ahogy apja mondta
As he slowly left on stiff legs a shadow rose near the last hut
Ahogy lassan, merev lábon távozott, egy árnyék szállt fel az utolsó kunyhó közelében
who had crouched there, and joined the pilgrim?
aki ott kuporgott és csatlakozott a zarándokhoz?
"Govinda, you have come" said Siddhartha and smiled
– Govinda, megjöttél – mondta Siddhartha, és elmosolyodott
"I have come," said Govinda
– Megjöttem – mondta Govinda

With the Samanas
Samanákkal

In the evening of this day they caught up with the ascetics
Ezen a napon este utolérték az aszkétákat
the ascetics; the skinny Samanas
az aszkéták; a sovány Samanas
they offered them their companionship and obedience
felajánlották nekik társaságukat és engedelmességüket
Their companionship and obedience were accepted
Elfogadták társaságukat és engedelmességüket
Siddhartha gave his garments to a poor Brahman in the street
Sziddhárta egy szegény Brahmannak adta a ruháit az utcán
He wore nothing more than a loincloth and earth-coloured, unsown cloak
Nem viselt mást, mint ágyékkötőt és földszínű, vetetlen köpenyt
He ate only once a day, and never anything cooked
Naponta csak egyszer evett, és soha nem főzött semmit
He fasted for fifteen days, he fasted for twenty-eight days
Tizenöt napig böjtölt, huszonnyolc napig böjtölt
The flesh waned from his thighs and cheeks
A hús lehanyatlott a combjáról és az arcáról
Feverish dreams flickered from his enlarged eyes
Megnagyobbodott szeméből lázas álmok villantak
long nails grew slowly on his parched fingers
hosszú körmök lassan nőttek kiszáradt ujjain
and a dry, shaggy beard grew on his chin
és száraz, bozontos szakáll nőtt az állára
His glance turned to ice when he encountered women
Tekintete jéggé változott, amikor nőkkel találkozott
he walked through a city of nicely dressed people
szépen öltözött emberek városán ment keresztül
his mouth twitched with contempt for them
szája megrándult az irántuk való megvetéstől

He saw merchants trading and princes hunting
Látta a kereskedőket kereskedni és a hercegeket vadászni
he saw mourners wailing for their dead
gyászolókat látott halottaikért jajgatni
and he saw whores offering themselves
és látott kurvákat kínálni magukat
physicians trying to help the sick
orvosok próbálnak segíteni a betegeken
priests determining the most suitable day for seeding
a papok meghatározzák a vetés legalkalmasabb napját
lovers loving and mothers nursing their children
szerelmesek szeretik és anyák, akik szoptatják gyermekeiket
and all of this was not worthy of one look from his eyes
és mindez egyetlen pillantásra sem volt méltó a szeméből
it all lied, it all stank, it all stank of lies
minden hazudott, minden bűzlött, minden hazugságtól bűzlött
it all pretended to be meaningful and joyful and beautiful
mindez úgy tett, mintha értelmes, örömteli és szép lenne
and it all was just concealed putrefaction
és mindez csak rejtett rothadás volt
the world tasted bitter; life was torture
keserű íze volt a világnak; az élet kínzás volt

A single goal stood before Siddhartha
Egyetlen gól állt Sziddhárta előtt
his goal was to become empty
az volt a célja, hogy kiüresedjen
his goal was to be empty of thirst
célja az volt, hogy megszabaduljon a szomjúságtól
empty of wishing and empty of dreams
üres a vágytól és üres az álmoktól
empty of joy and sorrow
üres az örömtől és a bánattól
his goal was to be dead to himself
az volt a célja, hogy halott legyen önmagának

his goal was not to be a self any more
célja nem az volt, hogy többé önmaga legyen
his goal was to find tranquillity with an emptied heart
célja az volt, hogy kiüresedett szívvel megtalálja a nyugalmat
his goal was to be open to miracles in unselfish thoughts
célja az volt, hogy önzetlen gondolatokban nyitott legyen a csodákra
to achieve this was his goal
ennek elérése volt a célja
when all of his self was overcome and had died
amikor minden énjét legyőzte és meghalt
when every desire and every urge was silent in the heart
amikor minden vágy és minden késztetés elhallgatott a szívben
then the ultimate part of him had to awake
akkor a végső részének fel kellett ébrednie
the innermost of his being, which is no longer his self
lényének legbensőbbje, amely már nem az énje
this was the great secret
ez volt a nagy titok

Silently, Siddhartha exposed himself to the burning rays of the sun
Sziddhárta csendben kitette magát a nap égető sugarainak
he was glowing with pain and he was glowing with thirst
izzott a fájdalomtól és izzott a szomjúságtól
and he stood there until he neither felt pain nor thirst
és addig állt ott, amíg se fájdalmat, se szomjúságot nem érzett
Silently, he stood there in the rainy season
Csendben állt ott az esős évszakban
from his hair the water was dripping over freezing shoulders
hajából a víz fagyos vállán csöpögött
the water was dripping over his freezing hips and legs
fagyos csípőjén és lábán csöpögött a víz
and the penitent stood there

és a bűnbánó ott állt
he stood there until he could not feel the cold any more
addig állt ott, amíg már nem érezte a hideget
he stood there until his body was silent
addig állt ott, amíg a teste el nem hallgatott
he stood there until his body was quiet
addig állt ott, amíg a teste el nem csendesedett
Silently, he cowered in the thorny bushes
Csendben lapult a tüskés bokrok között
blood dripped from the burning skin
vér csöpögött az égő bőrről
blood dripped from festering wounds
gennyes sebekből csurgott a vér
and Siddhartha stayed rigid and motionless
és Sziddhárta merev és mozdulatlan maradt
he stood until no blood flowed any more
addig állt, amíg már nem folyt vér
he stood until nothing stung any more
addig állt, amíg semmi nem csípett többé
he stood until nothing burned any more
addig állt, amíg már nem égett semmi
Siddhartha sat upright and learned to breathe sparingly
Sziddhárta egyenesen ült, és megtanult takarékosan lélegezni
he learned to get along with few breaths
megtanult boldogulni néhány levegővétellel
he learned to stop breathing
megtanulta abbahagyni a légzést
He learned, beginning with the breath, to calm the beating of his heart
A lélegzetvétellel kezdve megtanulta lecsillapítani szíve dobogását
he learned to reduce the beats of his heart
megtanulta csökkenteni szíve dobbanását
he meditated until his heartbeats were only a few
addig meditált, amíg a szívverései csak néhányat dobtak
and then his heartbeats were almost none

és akkor a szívverése szinte semmi volt
Instructed by the oldest of the Samanas, Siddhartha
practised self-denial
A szamanák legidősebbjének utasítására Sziddhárta
gyakorolta az önmegtagadást
he practised meditation, according to the new Samana rules
meditációt gyakorolt, az új Samana-szabályok szerint
A heron flew over the bamboo forest
Egy gém repült a bambuserdő felett
Siddhartha accepted the heron into his soul
Sziddhárta befogadta a gém a lelkébe
he flew over forest and mountains
erdő és hegyek felett repült
he was a heron, he ate fish
gém volt, halat evett
he felt the pangs of a heron's hunger
megérezte egy gém éhségének gyötrelmeit
he spoke the heron's croak
– beszélte a gém károgását
he died a heron's death
gémhalált halt
A dead jackal was lying on the sandy bank
Egy döglött sakál feküdt a homokos parton
Siddhartha's soul slipped inside the body of the dead jackal
Sziddhárta lelke becsúszott a halott sakál testébe
he was the dead jackal laying on the banks and bloated
ő volt a döglött sakál, aki a parton hevert és feldagadt
he stank and decayed and was dismembered by hyenas
bűzlött és bomlott, és a hiénák feldarabolták
he was skinned by vultures and turned into a skeleton
keselyűk megnyúzták és csontvázat csináltak belőle
he was turned to dust and blown across the fields
porrá változott, és átfújták a mezőkön
And Siddhartha's soul returned
És Sziddhárta lelke visszatért
it had died, decayed, and was scattered as dust

elhalt, elpusztult és porként szóródott szét
it had tasted the gloomy intoxication of the cycle
megízlelte a ciklus komor mámorát
it awaited with a new thirst, like a hunter in the gap
új szomjúsággal várt, mint egy vadász a résen
in the gap where he could escape from the cycle
abban a résben, ahol ki tudott menekülni a körforgásból
in the gap where an eternity without suffering began
abban a résben, ahol egy szenvedés nélküli örökkévalóság kezdődött
he killed his senses and his memory
megölte az érzékeit és az emlékezetét
he slipped out of his self into thousands of other forms
énjéből ezernyi más formába csúszott ki
he was an animal, a carrion, a stone
állat volt, dög, kő
he was wood and water
fa és víz volt
and he awoke every time to find his old self again
és minden alkalommal arra ébredt, hogy újra megtalálja régi önmagát
whether sun or moon, he was his self again
akár nap, akár hold, újra önmaga volt
he turned round in the cycle
megfordult a ciklusban
he felt thirst, overcame the thirst, felt new thirst
szomjúságot érzett, legyőzte a szomjat, új szomjúságot érzett

Siddhartha learned a lot when he was with the Samanas
Siddhartha sokat tanult, amikor a Samanákkal volt
he learned many ways leading away from the self
sok utat tanult, ami elvezet az éntől
he learned how to let go
megtanulta, hogyan kell elengedni
He went the way of self-denial by means of pain
A fájdalom által az önmegtagadás útját járta

he learned self-denial through voluntarily suffering and overcoming pain
az önmegtagadást az önkéntes szenvedés és a fájdalom legyőzése révén tanulta meg
he overcame hunger, thirst, and tiredness
legyőzte az éhséget, a szomjúságot és a fáradtságot
He went the way of self-denial by means of meditation
Az önmegtagadás útját járta a meditáció segítségével
he went the way of self-denial through imagining the mind to be void of all conceptions
az önmegtagadás útját járta azáltal, hogy elképzelte az elmét, hogy mentes minden elképzeléstől
with these and other ways he learned to let go
ezekkel és más módszerekkel megtanulta elengedni
a thousand times he left his self
ezerszer elhagyta önmagát
for hours and days he remained in the non-self
órákig és napokig a nem-énben maradt
all these ways led away from the self
mindezek az utak elvezettek az éntől
but their path always led back to the self
de útjuk mindig visszavezetett az énhez
Siddhartha fled from the self a thousand times
Sziddhárta ezerszer menekült az én elől
but the return to the self was inevitable
de az énhez való visszatérés elkerülhetetlen volt
although he stayed in nothingness, coming back was inevitable
bár a semmiben maradt, a visszatérés elkerülhetetlen volt
although he stayed in animals and stones, coming back was inevitable
bár állatokban és kövekben maradt, a visszatérés elkerülhetetlen volt
he found himself in the sunshine or in the moonlight again
ismét a napsütésben vagy a holdfényben találta magát
he found himself in the shade or in the rain again

ismét az árnyékban vagy az esőben találta magát
and he was once again his self; Siddhartha
és ismét önmaga volt; Sziddhárta
and again he felt the agony of the cycle which had been forced upon him
és újra érezte a körforgás gyötrelmét, amelyet rákényszerítettek

by his side lived Govinda, his shadow
mellette élt Govinda, az árnyéka
Govinda walked the same path and undertook the same efforts
Govinda ugyanazon az úton járt, és ugyanazokat az erőfeszítéseket tette
they spoke to one another no more than the exercises required
nem beszéltek többet egymással, mint amennyi gyakorlatot igényelt
occasionally the two of them went through the villages
időnként ők ketten átmentek a falvakon
they went to beg for food for themselves and their teachers
elmentek ennivalót koldulni maguknak és tanáraiknak
"How do you think we have progressed, Govinda" he asked
– Mit gondol, hogyan fejlődtünk, Govinda? – kérdezte
"Did we reach any goals?" Govinda answered
– Elértünk valamilyen célt? – válaszolta Govinda
"We have learned, and we'll continue learning"
"Tanultunk, és tovább fogunk tanulni"
"You'll be a great Samana, Siddhartha"
"Nagyszerű Samana leszel, Siddhartha"
"Quickly, you've learned every exercise"
"Gyorsan, minden gyakorlatot megtanultál"
"often, the old Samanas have admired you"
"Az öreg Samanák gyakran csodáltak téged"
"One day, you'll be a holy man, oh Siddhartha"
"Egy napon szent ember leszel, ó, Sziddhárta"

Spoke Siddhartha, "I can't help but feel that it is not like this, my friend"
Sziddhárta így beszélt: „Nem tehetek róla, de érzem, hogy ez nem így van, barátom"
"What I've learned being among the Samanas could have been learned more quickly"
"Amit a Samanák között tanultam, gyorsabban is megtanulhattam volna"
"it could have been learned by simpler means"
"egyszerűbb eszközökkel is meg lehetett volna tanulni"
"it could have been learned in any tavern"
"bármelyik kocsmában megtanulhatták volna"
"it could have been learned where the whorehouses are"
"meg lehetett volna tanulni, hogy hol vannak a szajhaházak"
"I could have learned it among carters and gamblers"
„Megtanulhattam volna kocsisok és szerencsejátékosok között"
Spoke Govinda, "Siddhartha is joking with me"
Govinda így beszélt: „Sziddhárta tréfál velem"
"How could you have learned meditation among wretched people?"
– Hogyan tanulhatta meg a meditációt nyomorult emberek között?
"how could whores have taught you about holding your breath?"
"hogyan taníthatták meg a kurvák a lélegzetvisszafojtásra?"
"how could gamblers have taught you insensitivity against pain?"
"hogyan taníthatták meg a szerencsejátékosok a fájdalommal szembeni érzéketlenségre?"
Siddhartha spoke quietly, as if he was talking to himself
Sziddhárta halkan beszélt, mintha magában beszélne
"What is meditation?"
– Mi a meditáció?
"What is leaving one's body?"
– Mi hagyja el az ember testét?

"What is fasting?"
– Mi a böjt?
"What is holding one's breath?"
– Mitől tart az ember lélegzete?
"It is fleeing from the self"
"Menekülés az én elől"
"it is a short escape of the agony of being a self"
"ez egy rövid menekülés az én-lét gyötrelme elől"
"it is a short numbing of the senses against the pain"
"ez az érzékek rövid elzsibbadása a fájdalom ellen"
"it is avoiding the pointlessness of life"
"az élet értelmetlenségének elkerülése"
"The same numbing is what the driver of an ox-cart finds in the inn"
"Ugyanez a zsibbadás az, amit egy ökrös szekér sofőrje talál a fogadóban"
"drinking a few bowls of rice-wine or fermented coconut-milk"
"iszok néhány tál rizsbort vagy erjesztett kókusztejet"
"Then he won't feel his self anymore"
"Akkor már nem fogja magát érezni"
"then he won't feel the pains of life anymore"
"akkor nem fogja többé érezni az élet fájdalmait"
"then he finds a short numbing of the senses"
"akkor az érzékszervei rövid ideig elzsibbadnak"
"When he falls asleep over his bowl of rice-wine, he'll find the same what we find"
"Amikor elalszik a rizsboros tála fölött, ugyanazt fogja megtalálni, amit mi."
"he finds what we find when we escape our bodies through long exercises"
"Ő találja meg azt, amit mi, amikor hosszú gyakorlatok során kiszabadulunk a testünkből"
"all of us are staying in the non-self"
"mindannyian a nem-énben maradunk"
"This is how it is, oh Govinda"

"Így van ez, oh Govinda"
Spoke Govinda, "You say so, oh friend"
Govinda így szólt: „Te mondod, ó barátom"
"and yet you know that Siddhartha is no driver of an ox-cart"
"És mégis tudod, hogy Sziddhárta nem ökrös szekér sofőrje"
"and you know a Samana is no drunkard"
"és tudod, hogy a Samana nem részeg"
"it's true that a drinker numbs his senses"
"igaz, hogy az ivó elaltatja az érzékeit"
"it's true that he briefly escapes and rests"
"igaz, hogy rövid időre megszökik és megpihen"
"but he'll return from the delusion and finds everything to be unchanged"
"de visszatér a káprázatból, és mindent változatlannak talál"
"he has not become wiser"
"nem lett bölcsebb"
"he has gathered any enlightenment"
"összegyűjtött minden megvilágosodást"
"he has not risen several steps"
"nem emelkedett több lépést sem"
And Siddhartha spoke with a smile
És Sziddhárta mosolyogva beszélt
"I do not know, I've never been a drunkard"
"Nem tudom, soha nem voltam részeg"
"I know that I find only a short numbing of the senses"
"Tudom, hogy az érzékszerveimnek csak egy rövid zsibbadását tapasztalom"
"I find it in my exercises and meditations"
"Megtalálom a gyakorlataimban és a meditációimban"
"and I find I am just as far removed from wisdom as a child in the mother's womb"
"És úgy látom, éppoly távol vagyok a bölcsességtől, mint egy gyermek az anyaméhben"
"this I know, oh Govinda"
"Ezt tudom, oh Govinda"

And once again, another time, Siddhartha began to speak
És még egyszer, máskor Sziddhárta beszélni kezdett
Siddhartha had left the forest, together with Govinda
Sziddhárta Govindával együtt elhagyta az erdőt
they left to beg for some food in the village
elmentek ennivalóért koldulni a faluba
he said, "What now, oh Govinda?"
azt mondta: – Mi van most, ó, Govinda?
"are we on the right path?"
– jó úton járunk?
"are we getting closer to enlightenment?"
"közelítünk a megvilágosodáshoz?"
"are we getting closer to salvation?"
"közelebb jutunk az üdvösséghez?"
"Or do we perhaps live in a circle?"
– Vagy talán körben élünk?
"we, who have thought we were escaping the cycle"
"mi, akik azt hittük, hogy megmenekülünk a körforgásból"
Spoke Govinda, "We have learned a lot"
Govinda így beszélt: „Sokat tanultunk"
"Siddhartha, there is still much to learn"
"Sziddhárta, van még mit tanulni"
"We are not going around in circles"
"Nem megyünk körbe"
"we are moving up; the circle is a spiral"
"Felfelé haladunk; a kör egy spirál"
"we have already ascended many levels"
"Sok szintet feljutottunk már"
Siddhartha answered, "How old would you think our oldest Samana is?"
Siddhartha így válaszolt: „Szerinted hány éves a legidősebb Samanánk?"
"how old is our venerable teacher?"
– Hány éves a mi tisztelt tanárunk?
Spoke Govinda, "Our oldest one might be about sixty years of age"

Govinda így beszélt: „A legidősebbünk körülbelül hatvan éves lehet"
Spoke Siddhartha, "He has lived for sixty years"
Sziddhárta így beszélt: „Hatvan éve él"
"and yet he has not reached the nirvana"
"És mégsem érte el a nirvánát"
"He'll turn seventy and eighty"
– Hetvennyolcvan éves lesz.
"you and me, we will grow just as old as him"
"te és én éppolyan öregek leszünk, mint ő"
"and we will do our exercises"
"és elvégezzük a gyakorlatainkat"
"and we will fast, and we will meditate"
"és böjtölni fogunk és elmélkedni fogunk"
"But we will not reach the nirvana"
"De nem érjük el a nirvánát"
"he won't reach nirvana and we won't"
"Ő nem éri el a nirvánát és mi sem"
"there are uncountable Samanas out there"
"Megszámlálhatatlan Samana van odakint"
"perhaps not a single one will reach the nirvana"
"talán egy sem éri el a nirvánát"
"We find comfort, we find numbness, we learn feats"
"Vigasztalást találunk, zsibbadást találunk, bravúrokat tanulunk"
"we learn these things to deceive others"
"megtanuljuk ezeket a dolgokat, hogy megtévesszünk másokat"
"But the most important thing, the path of paths, we will not find"
"De a legfontosabbat, az utak útját nem találjuk meg"
Spoke Govinda "If you only wouldn't speak such terrible words, Siddhartha!"
Megszólalt Govinda – Ha nem mondana ilyen szörnyű szavakat, Sziddhárta!
"there are so many learned men"

"Annyi tanult ember van"
"how could not one of them not find the path of paths?"
"Hogy lehet, hogy egyikük nem találja meg az ösvények útját?"
"how can so many Brahmans not find it?"
"Hogy lehet, hogy ennyi brahman nem találja meg?"
"how can so many austere and venerable Samanas not find it?"
"Hogy lehet, hogy ennyi szigorú és tiszteletreméltó Samana nem találja meg?"
"how can all those who are searching not find it?"
"Hogyan nem találják meg azok, akik keresik?"
"how can the holy men not find it?"
"Hogy lehet, hogy a szent emberek nem találják meg?"
But Siddhartha spoke with as much sadness as mockery
De Sziddhárta éppoly szomorúan, mint gúnyosan beszélt
he spoke with a quiet, a slightly sad, a slightly mocking voice
halk, kissé szomorú, kissé gúnyos hangon beszélt
"Soon, Govinda, your friend will leave the path of the Samanas"
"Hamarosan, Govinda, a barátod elhagyja a Samanák útját"
"he has walked along your side for so long"
"Oly sokáig járt melletted"
"I'm suffering of thirst"
"Szomjúságtól szenvedek"
"on this long path of a Samana, my thirst has remained as strong as ever"
"A Samana ezen a hosszú útján a szomjúságom olyan erős maradt, mint valaha"
"I always thirsted for knowledge"
"Mindig szomjaztam a tudásra"
"I have always been full of questions"
"Mindig tele voltam kérdésekkel"
"I have asked the Brahmans, year after year"
"Évről évre megkérdeztem a brahmanokat"

"and I have asked the holy Vedas, year after year"
"És évről évre megkérdeztem a szent Védákat"
"and I have asked the devoted Samanas, year after year"
"És évről évre megkérdeztem az odaadó Samanast"
"perhaps I could have learned it from the hornbill bird"
"talán a szarvascsőrű madártól tanulhattam volna"
"perhaps I should have asked the chimpanzee"
"talán a csimpánztól kellett volna megkérdeznem"
"It took me a long time"
"Sokáig tartott"
"and I am not finished learning this yet"
"És még nem fejeztem be a tanulást"
"oh Govinda, I have learned that there is nothing to be learned!"
"Ó, Govinda, megtanultam, hogy nincs mit tanulni!"
"There is indeed no such thing as learning"
"Valóban nincs olyan, hogy tanulás"
"There is just one knowledge"
"Csak egy tudás van"
"this knowledge is everywhere, this is Atman"
"ez a tudás mindenhol ott van, ez az Atman"
"this knowledge is within me and within you"
"ez a tudás bennem és benned van"
"and this knowledge is within every creature"
"és ez a tudás minden teremtményben benne van"
"this knowledge has no worse enemy than the desire to know it"
"Ennek a tudásnak nincs rosszabb ellensége, mint a vágy, hogy megismerje"
"that is what I believe"
"én ezt hiszem"
At this, Govinda stopped on the path
Erre Govinda megállt az ösvényen
he rose his hands, and spoke
felemelte a kezét, és megszólalt

"If only you would not bother your friend with this kind of talk"
"Ha nem zavarnád a barátodat ilyen beszéddel"
"Truly, your words stir up fear in my heart"
"Valóban, szavaid félelmet keltenek a szívemben"
"consider, what would become of the sanctity of prayer?"
"gondold meg, mi lesz az ima szentségével?"
"what would become of the venerability of the Brahmans' caste?"
"mi lesz a brahmanok kasztjának tiszteletreméltóságával?"
"what would happen to the holiness of the Samanas?
„Mi történne a Samanák szentségével?
"What would then become of all of that is holy"
"Mi lesz akkor mindebből az szent"
"what would still be precious?"
– Mi lenne még értékes?
And Govinda mumbled a verse from an Upanishad to himself
És Govinda elmotyogott magának egy verset egy Upanisadból
"He who ponderingly, of a purified spirit, loses himself in the meditation of Atman"
"Aki töprengve, megtisztult szellemű, elveszti magát Atman meditációjában"
"inexpressible by words is the blissfulness of his heart"
"Szíve boldogsága szavakkal kifejezhetetlen"
But Siddhartha remained silent
De Sziddhárta hallgatott
He thought about the words which Govinda had said to him
Azokra a szavakra gondolt, amelyeket Govinda mondott neki
and he thought the words through to their end
és végiggondolta a szavakat a végükig
he thought about what would remain of all that which seemed holy
arra gondolt, mi marad mindabból, ami szentnek tűnt
What remains? What can stand the test?
Mi marad? Mi állja ki a próbát?

And he shook his head
És megrázta a fejét

the two young men had lived among the Samanas for about three years
a két fiatalember körülbelül három éve élt a Samanák között
some news, a rumour, a myth reached them
eljutott hozzájuk valami hír, pletyka, mítosz
the rumour had been retold many times
a pletykát sokszor újra elmondták
A man had appeared, Gotama by name
Egy férfi jelent meg, név szerint Gotama
the exalted one, the Buddha
a magasztos, a Buddha
he had overcome the suffering of the world in himself
önmagában legyőzte a világ szenvedését
and he had halted the cycle of rebirths
és megállította az újjászületések körforgását
He was said to wander through the land, teaching
Azt mondták, vándorol a földön, tanít
he was said to be surrounded by disciples
állítólag tanítványok vették körül
he was said to be without possession, home, or wife
állítólag nincs birtoka, otthona és felesége
he was said to be in just the yellow cloak of an ascetic
állítólag csak egy aszkéta sárga köpenyében van
but he was with a cheerful brow
de vidám szemöldökkel volt
and he was said to be a man of bliss
és a boldogság emberének mondták
Brahmans and princes bowed down before him
Brahmanok és hercegek meghajoltak előtte
and they became his students
és a tanítványai lettek
This myth, this rumour, this legend resounded
Ez a mítosz, ez a pletyka, ez a legenda visszhangzott

its fragrance rose up, here and there, in the towns
illata feltámadt, itt-ott, a városokban
the Brahmans spoke of this legend
a brahmanok beszéltek erről a legendáról
and in the forest, the Samanas spoke of it
és az erdőben a Samanák arról beszéltek
again and again, the name of Gotama the Buddha reached the ears of the young men
újra és újra Gótama, Buddha neve eljutott a fiatalok fülébe
there was good and bad talk of Gotama
szóba került Gótamáról jó és rossz
some praised Gotama, others defamed him
egyesek Gótamát dicsérték, mások rágalmazták
It was as if the plague had broken out in a country
Mintha a pestisjárvány tört volna ki egy országban
news had been spreading around that in one or another place there was a man
híre ment, hogy egyik-másik helyen van egy ember
a wise man, a knowledgeable one
bölcs ember, hozzáértő
a man whose word and breath was enough to heal everyone
egy ember, akinek a szava és a lehelete elég volt ahhoz, hogy mindenkit meggyógyítson
his presence could heal anyone who had been infected with the pestilence
jelenléte meg tudott gyógyítani mindenkit, aki megfertőződött a pestissel
such news went through the land, and everyone would talk about it
ilyen hírek járták át az országot, és mindenki beszélni fog róla
many believed the rumours, many doubted them
sokan hittek a pletykákban, sokan kételkedtek bennük
but many got on their way as soon as possible
de sokan a lehető leghamarabb útnak indultak
they went to seek the wise man, the helper
elmentek megkeresni a bölcset, a segítőt

the wise man of the family of Sakya
a Sakya család bölcs embere
He possessed, so the believers said, the highest enlightenment
Ő rendelkezett – így mondták a hívők – a legmagasabb műveltséggel
he remembered his previous lives; he had reached the nirvana
emlékezett előző életeire; elérte a nirvánát
and he never returned into the cycle
és soha nem tért vissza a körforgásba
he was never again submerged in the murky river of physical forms
soha többé nem merült el a fizikai formák zavaros folyójában
Many wonderful and unbelievable things were reported of him
Sok csodálatos és hihetetlen dologról számoltak be
he had performed miracles
csodákat tett
he had overcome the devil
legyőzte az ördögöt
he had spoken to the gods
beszélt az istenekkel
But his enemies and disbelievers said Gotama was a vain seducer
De ellenségei és hitetlenei azt mondták, hogy Gotama hiú csábító
they said he spent his days in luxury
azt mondták, luxusban töltötte napjait
they said he scorned the offerings
azt mondták, hogy megvetette a felajánlásokat
they said he was without learning
azt mondták, nem tanult
they said he knew neither meditative exercises nor self-castigation

azt mondták, hogy nem ismer sem meditációs gyakorlatokat, sem önmérsékletet
The myth of Buddha sounded sweet
A Buddha mítosza édesen hangzott
The scent of magic flowed from these reports
A varázslat illata áradt ezekből a jelentésekből
After all, the world was sick, and life was hard to bear
Végül is a világ beteg volt, és az életet nehéz volt elviselni
and behold, here a source of relief seemed to spring forth
és íme, itt mintha megkönnyebbülés forrása fakadna ki
here a messenger seemed to call out
itt mintha egy hírnök kiált volna
comforting, mild, full of noble promises
vigasztaló, szelíd, nemes ígéretekkel teli
Everywhere where the rumour of Buddha was heard, the young men listened up
Mindenütt, ahol Buddháról szóló pletyka hallatszott, a fiatalok hallgattak
everywhere in the lands of India they felt a longing
India földjén mindenhol vágyat éreztek
everywhere where the people searched, they felt hope
mindenütt, ahol az emberek kerestek, reményt éreztek
every pilgrim and stranger was welcome when he brought news of him
minden zarándok és idegen szívesen látott, amikor hírt hozott róla
the exalted one, the Sakyamuni
a magasztos, a Szakjamuni
The myth had also reached the Samanas in the forest
A mítosz elérte a Samanákat is az erdőben
and Siddhartha and Govinda heard the myth too
és Sziddhárta és Govinda is hallotta a mítoszt
slowly, drop by drop, they heard the myth
lassan, cseppenként hallották a mítoszt
every drop was laden with hope
minden csepp reménnyel volt megterhelve

every drop was laden with doubt
minden csepp kétséggel volt terhelve
They rarely talked about it
Ritkán beszéltek róla
because the oldest one of the Samanas did not like this myth
mert a Samana legidősebbjének nem tetszett ez a mítosz
he had heard that this alleged Buddha used to be an ascetic
hallotta, hogy ez az állítólagos Buddha aszkéta volt
he heard he had lived in the forest
hallotta, hogy az erdőben élt
but he had turned back to luxury and worldly pleasures
de visszafordult a luxushoz és a világi örömökhöz
and he had no high opinion of this Gotama
és nem volt nagy véleménye erről a Gótamáról

"Oh Siddhartha," Govinda spoke one day to his friend
– Ó, Sziddhárta – beszélt Govinda egy napon a barátjának
"Today, I was in the village"
"Ma a faluban voltam"
"and a Brahman invited me into his house"
"és egy brahman meghívott a házába"
"and in his house, there was the son of a Brahman from Magadha"
"És az ő házában volt egy magadhai brahman fia"
"he has seen the Buddha with his own eyes"
"saját szemével látta a Buddhát"
"and he has heard him teach"
"és hallotta őt tanítani"
"Verily, this made my chest ache when I breathed"
"Valóban, ettől fájt a mellkasom, amikor levegőt vettem"
"and I thought this to myself:"
"és ezt gondoltam magamban:"
"if only we heard the teachings from the mouth of this perfected man!"
"Bárcsak ennek a tökéletes embernek a szájából hallanánk a tanításokat!"

"Speak, friend, wouldn't we want to go there too"
– Beszélj, barátom, nem akarunk mi is odamenni?
"wouldn't it be good to listen to the teachings from the Buddha's mouth?"
"Nem lenne jó hallgatni a tanításokat Buddha szájából?"
Spoke Siddhartha, "I had thought you would stay with the Samanas"
Sziddhárta így beszélt: „Azt hittem, a Samanákkal maradsz."
"I always had believed your goal was to live to be seventy"
"Mindig is azt hittem, hogy az a célod, hogy hetven évet élj"
"I thought you would keep practising those feats and exercises"
"Azt hittem, folytatni fogod azokat a bravúrokat és gyakorlatokat"
"and I thought you would become a Samana"
"És azt hittem, hogy Samana leszel"
"But behold, I had not known Govinda well enough"
– De íme, nem ismertem eléggé Govindát.
"I knew little of his heart"
"Keveset tudtam a szívéből"
"So now you want to take a new path"
"Tehát most új utat akarsz választani"
"and you want to go there where the Buddha spreads his teachings"
"És oda akarsz menni, ahol a Buddha terjeszti a tanításait"
Spoke Govinda, "You're mocking me"
Govinda megszólalt: „Gúnyolsz engem"
"Mock me if you like, Siddhartha!"
– Gúnyolj ki, ha tetszik, Sziddhárta!
"But have you not also developed a desire to hear these teachings?"
– De nem alakult ki benned a vágy, hogy meghallgasd ezeket a tanításokat?
"have you not said you would not walk the path of the Samanas for much longer?"
– Nem mondtad, hogy nem járod sokáig a Samanák útját?

At this, Siddhartha laughed in his very own manner
Erre Sziddhárta a maga módján nevetett
the manner in which his voice assumed a touch of sadness
ahogy a hangja némi szomorúságot öltött
but it still had that touch of mockery
de még mindig megvolt benne a gúny
Spoke Siddhartha, "Govinda, you've spoken well"
Sziddhárta beszélt: "Govinda, jól beszéltél"
"you've remembered correctly what I said"
"Jól emlékszel, amit mondtam"
"If only you remembered the other thing you've heard from me"
"Ha emlékeznél a másik dologra, amit tőlem hallottál"
"I have grown distrustful and tired against teachings and learning"
"Bizalmatlanná váltam és elfáradtam a tanításokkal és a tanulással szemben"
"my faith in words, which are brought to us by teachers, is small"
"Csekély a hitem a szavakban, amelyeket a tanárok hoznak nekünk"
"But let's do it, my dear"
– De csináljuk, kedvesem!
"I am willing to listen to these teachings"
"Kész vagyok meghallgatni ezeket a tanításokat"
"though in my heart I do not have hope"
"Bár szívemben nincs reményem"
"I believe that we've already tasted the best fruit of these teachings"
„Úgy gondolom, hogy már megkóstoltuk e tanítások legjobb gyümölcsét"
Spoke Govinda, "Your willingness delights my heart"
Govinda így beszélt: „A készséged gyönyörködteti a szívemet"
"But tell me, how should this be possible?"
– De mondd csak, hogyan legyen ez lehetséges?

"How can the Gotama's teachings have already revealed their best fruit to us?"
"Hogyan tárták fel előttünk a Gótama tanításai a legjobb gyümölcsüket?"
"we have not heard his words yet"
"még nem hallottuk a szavait"
Spoke Siddhartha, "Let us eat this fruit"
Sziddhárta beszélt: „Együk ezt a gyümölcsöt"
"and let us wait for the rest, oh Govinda!"
– És várjuk meg a többit, ó, Govinda!
"But this fruit consists in him calling us away from the Samanas"
"De ez a gyümölcs abban áll, hogy elhív minket a Samanáktól"
"and we have already received it thanks to the Gotama!"
"és a Gótamának köszönhetően már megkaptuk!"
"Whether he has more, let us await with calm hearts"
"Akár van neki több, várjuk nyugodt szívvel"

On this very same day Siddhartha spoke to the oldest Samana
Ugyanazon a napon Siddhartha beszélt a legidősebb Samanával
he told him of his decision to leaves the Samanas
elmondta neki a döntését, hogy elhagyja a Samanas-t
he informed the oldest one with courtesy and modesty
udvariasan és szerényen tájékoztatta a legidősebbet
but the Samana became angry that the two young men wanted to leave him
de a Samana dühös lett, amiért a két fiatalember el akarta hagyni
and he talked loudly and used crude words
és hangosan beszélt és durva szavakat használt
Govinda was startled and became embarrassed
Govinda megdöbbent és zavarba jött
But Siddhartha put his mouth close to Govinda's ear
De Siddhartha Govinda füléhez tapasztotta a száját

"Now, I want to show the old man what I've learned from him"
"Most meg akarom mutatni az öregnek, mit tanultam tőle"
Siddhartha positioned himself closely in front of the Samana
Sziddhárta szorosan a Samana elé helyezkedett
with a concentrated soul, he captured the old man's glance
tömény lélekkel elkapta az öreg pillantását
he deprived him of his power and made him mute
megfosztotta hatalmától és elnémította
he took away his free will
elvette a szabad akaratát
he subdued him under his own will, and commanded him
saját akarata szerint leigázta, és megparancsolta neki
his eyes became motionless, and his will was paralysed
szeme mozdulatlanná vált, akarata megbénult
his arms were hanging down without power
karja erő nélkül lógott lefelé
he had fallen victim to Siddhartha's spell
áldozatul esett Siddhartha varázslatának
Siddhartha's thoughts brought the Samana under their control
Sziddhárta gondolatai uralmuk alá vonták a Samanát
he had to carry out what they commanded
teljesítenie kellett, amit parancsoltak
And thus, the old man made several bows
És így az öreg több meghajolt
he performed gestures of blessing
áldásos gesztusokat végzett
he spoke stammeringly a godly wish for a good journey
dadogva beszélt egy jó út isteni kívánságát
the young men returned the good wishes with thanks
a fiatalok köszönettel viszonozták a jókívánságokat
they went on their way with salutations
köszöntéssel folytatták útjukat
On the way, Govinda spoke again

Útközben Govinda ismét megszólalt
"Oh Siddhartha, you have learned more from the Samanas than I knew"
"Ó, Sziddhárta, többet tanultál a Samanáktól, mint amit én tudtam"
"It is very hard to cast a spell on an old Samana"
"Nagyon nehéz egy öreg Samanára varázsolni"
"Truly, if you had stayed there, you would soon have learned to walk on water"
"Valóban, ha ott maradtál volna, hamarosan megtanultál volna vízen járni."
"I do not seek to walk on water" said Siddhartha
„Nem akarok vízen járni" – mondta Sziddhárta
"Let old Samanas be content with such feats!"
– Az öreg Samanas elégedjen meg az ilyen bravúrokkal!

Gotama

In Savathi, every child knew the name of the exalted Buddha
Savathiban minden gyermek ismerte a magasztos Buddha nevét
every house was prepared for his coming
minden ház felkészült az ő eljövetelére
each house filled the alms-dishes of Gotama's disciples
minden ház megtöltötte Gotama tanítványainak alamizsnás edényeit
Gotama's disciples were the silently begging ones
Gótama tanítványai voltak a némán koldulók
Near the town was Gotama's favourite place to stay
A város közelében volt Gotama kedvenc tartózkodási helye
he stayed in the garden of Jetavana
Jetavana kertjében szállt meg
the rich merchant Anathapindika had given the garden to Gotama
Anathapindika gazdag kereskedő Gótamának adta a kertet
he had given it to him as a gift
ajándékba adta neki
he was an obedient worshipper of the exalted one
engedelmes hódolója volt a magasztosnak
the two young ascetics had received tales and answers
a két fiatal aszkéta meséket és válaszokat kapott
all these tales and answers pointed them to Gotama's abode
mindezek a mesék és válaszok Gótama lakhelyére mutatták őket
they arrived in the town of Savathi
megérkeztek Savathi városába
they went to the very first door of the town
a város legelső ajtajához mentek
and they begged for food at the door
és ennivalóért könyörögtek az ajtóban
a woman offered them food

egy nő étellel kínálta őket
and they accepted the food
és elfogadták az ételt
Siddhartha asked the woman
– kérdezte Sziddhárta a nőt
"oh charitable one, where does the Buddha dwell?"
"Ó jótékony ember, hol lakik a Buddha?"
"we are two Samanas from the forest"
"két Samana vagyunk az erdőből"
"we have come to see the perfected one"
"Azért jöttünk, hogy lássuk a tökéleteset"
"we have come to hear the teachings from his mouth"
"Azért jöttünk, hogy az ő szájából halljuk a tanításokat"
Spoke the woman, "you Samanas from the forest"
Azt mondta a nő: "Te Samanas az erdőből"
"you have truly come to the right place"
"Valóban jó helyre jöttél"
"you should know, in Jetavana, there is the garden of Anathapindika"
"tudnod kell, hogy Jetavanában ott van az Anathapindika kertje"
"that is where the exalted one dwells"
"ott lakik a magasztos"
"there you pilgrims shall spend the night"
"ott töltitek ti zarándokok az éjszakát"
"there is enough space for the innumerable, who flock here"
"van elég hely a megszámlálhatatlanul, akik ide sereglenek"
"they too come to hear the teachings from his mouth"
"Ők is azért jönnek, hogy az ő szájából hallják a tanításokat"
This made Govinda happy, and full of joy
Ez boldoggá tette Govindát, és tele volt örömmel
he exclaimed, "we have reached our destination"
felkiáltott: "Elértünk célunkhoz"
"our path has come to an end!"
"utunk véget ért!"
"But tell us, oh mother of the pilgrims"

"De mondd, ó, a zarándokok anyja"
"do you know him, the Buddha?"
– Ismered őt, a Buddhát?
"have you seen him with your own eyes?"
– Láttad őt a saját szemeddel?
Spoke the woman, "Many times I have seen him, the exalted one"
Az asszony így szólt: "Sokszor láttam őt, a magasztost"
"On many days I have seen him"
"Sok nap láttam őt"
"I have seen him walking through the alleys in silence"
"Láttam, ahogy csendben sétál a sikátorokon"
"I have seen him wearing his yellow cloak"
"Láttam őt sárga köpenyében"
"I have seen him presenting his alms-dish in silence"
"Láttam, amint csendben bemutatja alamizsnás ételét"
"I have seen him at the doors of the houses"
"Láttam őt a házak ajtajában"
"and I have seen him leaving with a filled dish"
"És láttam, hogy teli edénnyel távozik"
Delightedly, Govinda listened to the woman
Govinda örömmel hallgatta a nőt
and he wanted to ask and hear much more
és sokkal többet szeretett volna kérdezni és hallani
But Siddhartha urged him to walk on
De Siddhartha sürgette, hogy menjen tovább
They thanked the woman and left
Megköszönték a nőt és elmentek
they hardly had to ask for directions
alig kellett útbaigazítást kérniük
many pilgrims and monks were on their way to the Jetavana
sok zarándok és szerzetes volt úton a Jetavana felé
they reached it at night, so there were constant arrivals
éjszaka értek el, így állandóan érkeztek
and those who sought shelter got it
és a menedéket keresők megkapták

The two Samanas were accustomed to life in the forest
A két Samana hozzászokott az erdei élethez
so without making any noise they quickly found a place to stay
így zaj nélkül gyorsan találtak szállást
and they rested there until the morning
és ott pihentek reggelig

At sunrise, they saw with astonishment the size of the crowd
Napkeltekor döbbenten látták a tömeg nagyságát
a great many number of believers had come
nagyon sok hívő jött el
and a great number of curious people had spent the night here
és nagyon sok kíváncsi ember töltötte itt az éjszakát
On all paths of the marvellous garden, monks walked in yellow robes
A csodálatos kert minden ösvényén szerzetesek jártak sárga ruhában
under the trees they sat here and there, in deep contemplation
a fák alatt itt-ott üldögéltek, mély töprengésben
or they were in a conversation about spiritual matters
vagy lelki kérdésekről beszélgettek
the shady gardens looked like a city
az árnyas kertek városnak tűntek
a city full of people, bustling like bees
egy város tele emberekkel, nyüzsgő, mint a méhek
The majority of the monks went out with their alms-dish
A szerzetesek többsége kiment alamizsnástáljával
they went out to collect food for their lunch
kimentek ételt gyűjteni az ebédjükhöz
this would be their only meal of the day
ez lenne az egyetlen étkezésük a nap folyamán
The Buddha himself, the enlightened one, also begged in the mornings

Maga a Buddha, a megvilágosodott, szintén reggelente könyörgött
Siddhartha saw him, and he instantly recognised him
Sziddhárta látta őt, és azonnal felismerte
he recognised him as if a God had pointed him out
felismerte, mintha egy Isten mutatta volna rá
He saw him, a simple man in a yellow robe
Meglátta őt, egy egyszerű férfit sárga köntösben
he was bearing the alms-dish in his hand, walking silently
az alamizsnás edényt tartotta a kezében, és némán sétált
"Look here!" Siddhartha said quietly to Govinda
– Ide figyelj! – mondta Siddhartha halkan Govindának
"This one is the Buddha"
"Ez a Buddha"
Attentively, Govinda looked at the monk in the yellow robe
Govinda figyelmesen a sárga ruhás szerzetesre nézett
this monk seemed to be in no way different from any of the others
úgy tűnt, ez a szerzetes semmiben sem különbözött a többitől
but soon, Govinda also realized that this is the one
de hamarosan Govinda is rájött, hogy ez az
And they followed him and observed him
És követték őt és figyelték őt
The Buddha went on his way, modestly and deep in his thoughts
A Buddha szerényen és gondolataiba mélyedve folytatta útját
his calm face was neither happy nor sad
nyugodt arca nem volt sem boldog, sem szomorú
his face seemed to smile quietly and inwardly
az arca mintha csendesen és befelé mosolygott volna
his smile was hidden, quiet and calm
mosolya rejtett volt, csendes és nyugodt
the way the Buddha walked somewhat resembled a healthy child
Buddha járása némileg egészséges gyermekre emlékeztetett
he walked just as all of his monks did

ugyanúgy járt, mint az összes szerzetese
he placed his feet according to a precise rule
pontos szabály szerint helyezte el a lábát
his face and his walk, his quietly lowered glance
az arca és a járása, a csendesen lesütött pillantása
his quietly dangling hand, every finger of it
csendesen lógó kezét, minden ujját
all these things expressed peace
mindezek a dolgok békét fejeztek ki
all these things expressed perfection
mindezek a dolgok a tökéletességet fejezték ki
he did not search, nor did he imitate
nem kereste, nem is utánozta
he softly breathed inwardly an unwhithering calm
lágyan lélegzett befelé egy irdatlan nyugalmat
he shone outwardly an unwhithering light
kifelé fogyatkozhatatlan fényt sugárzott
he had about him an untouchable peace
érinthetetlen béke volt körülötte
the two Samanas recognised him solely by the perfection of his calm
a két Samana kizárólag a nyugalma tökéletességéről ismerte fel
they recognized him by the quietness of his appearance
megjelenésének csendességéről ismerték fel
the quietness in his appearance in which there was no searching
a csend a megjelenésében, amelyben nem volt keresgélés
there was no desire, nor imitation
nem volt vágy, sem utánzás
there was no effort to be seen
semmi erőfeszítést nem lehetett látni
only light and peace was to be seen in his appearance
megjelenésében csak fény és béke látszott
"Today, we'll hear the teachings from his mouth" said Govinda

„Ma az ő szájából halljuk a tanításokat" – mondta Govinda
Siddhartha did not answer
Sziddhárta nem válaszolt
He felt little curiosity for the teachings
Kevés kíváncsiságot érzett a tanítások iránt
he did not believe that they would teach him anything new
nem hitte, hogy valami újat tanítanak neki
he had heard the contents of this Buddha's teachings again and again
újra és újra hallotta ennek a Buddha tanításának tartalmát
but these reports only represented second hand information
de ezek a jelentések csak másodkézből származó információkat jelentettek
But attentively he looked at Gotama's head
De figyelmesen Gotama fejére nézett
his shoulders, his feet, his quietly dangling hand
a vállát, a lábfejét, a csendesen lógó kezét
it was as if every finger of this hand was of these teachings
mintha ennek a kéznek minden ujja ezekből a tanításokból lett volna
his fingers spoke of truth
ujjai az igazságról beszéltek
his fingers breathed and exhaled the fragrance of truth
ujjai az igazság illatát lehelték és lehelték
his fingers glistened with truth
ujjai igazságtól csillogtak
this Buddha was truthful down to the gesture of his last finger
ez a Buddha az utolsó ujja gesztusáig őszinte volt
Siddhartha could see that this man was holy
Sziddhárta látta, hogy ez az ember szent
Never before, Siddhartha had venerated a person so much
Sziddhárta még soha nem tisztelt ennyire egy személyt
he had never before loved a person as much as this one
még soha nem szeretett embert annyira, mint ezt
They both followed the Buddha until they reached the town

Mindketten követték Buddhát, amíg el nem értek a városba
and then they returned to their silence
majd visszatértek a némaságukba
they themselves intended to abstain on this day
ők maguk tartózkodni szándékoztak ezen a napon
They saw Gotama returning the food that had been given to him
Látták, hogy Gótama visszaadja az ételt, amit kapott
what he ate could not even have satisfied a bird's appetite
amit megevett, még egy madár étvágyát sem tudta volna kielégíteni
and they saw him retiring into the shade of the mango-trees
és látták visszavonulni a mangófák árnyékába

in the evening the heat had cooled down
estére lehűlt a hőség
everyone in the camp started to bustle about and gathered around
a táborban mindenki nyüzsögni kezdett és köré gyűlt
they heard the Buddha teaching, and his voice
hallották Buddha tanítását, és a hangját
and his voice was also perfected
és a hangja is tökéletes volt
his voice was of perfect calmness
hangja tökéletes nyugodt volt
his voice was full of peace
hangja csupa békesség volt
Gotama taught the teachings of suffering
Gótama a szenvedés tanításait tanította
he taught of the origin of suffering
a szenvedés eredetéről tanított
he taught of the way to relieve suffering
a szenvedés enyhítésének módjáról tanított
Calmly and clearly his quiet speech flowed on
Csendes beszéde nyugodtan és tisztán folyt tovább
Suffering was life, and full of suffering was the world

A szenvedés volt az élet, és tele volt szenvedéssel a világ
but salvation from suffering had been found
de megtalálták a szenvedéstől való megváltást
salvation was obtained by him who would walk the path of the Buddha
az üdvösséget szerezte meg, aki a Buddha útján jár
With a soft, yet firm voice the exalted one spoke
Halk, de határozott hangon szólalt meg a magasztos
he taught the four main doctrines
a négy fő tant tanította
he taught the eight-fold path
a nyolcszoros utat tanította
patiently he went the usual path of the teachings
türelmesen a tanítások szokásos útját járta
his teachings contained the examples
tanításai tartalmazták a példákat
his teaching made use of the repetitions
tanítása az ismétléseket használta fel
brightly and quietly his voice hovered over the listeners
hangja fényesen és csendesen lebegett a hallgatók fölött
his voice was like a light
hangja olyan volt, mint a fény
his voice was like a starry sky
hangja olyan volt, mint a csillagos ég
When the Buddha ended his speech, many pilgrims stepped forward
Amikor Buddha befejezte beszédét, sok zarándok lépett előre
they asked to be accepted into the community
kérték a közösségbe való felvételüket
they sought refuge in the teachings
a tanításokban kerestek menedéket
And Gotama accepted them by speaking
És Gótama beszéddel elfogadta őket
"You have heard the teachings well"
"Jól hallottad a tanításokat"
"join us and walk in holiness"

"csatlakozz hozzánk és járj szentségben"
"put an end to all suffering"
"vess véget minden szenvedésnek"
Behold, then Govinda, the shy one, also stepped forward and spoke
Íme, akkor Govinda, a félénk is előlépett és megszólalt
"I also take my refuge in the exalted one and his teachings"
"Én is a Magasztoshoz és az ő tanításaihoz keresek menedéket"
and he asked to be accepted into the community of his disciples
és kérte, hogy fogadják be tanítványai közösségébe
and he was accepted into the community of Gotama's disciples
és felvették Gótama tanítványainak közösségébe

the Buddha had retired for the night
a Buddha éjszakára visszavonult
Govinda turned to Siddhartha and spoke eagerly
Govinda Sziddhártához fordult, és mohón beszélt
"Siddhartha, it is not my place to scold you"
"Sziddhárta, nem az én helyem szidni téged"
"We have both heard the exalted one"
"Mindketten hallottuk a Magasztost"
"we have both perceived the teachings"
"Mindketten észleltük a tanításokat"
"Govinda has heard the teachings"
"Govinda hallotta a tanításokat"
"he has taken refuge in the teachings"
"menedéket talált a tanításokban"
"But, my honoured friend, I must ask you"
– De tisztelt barátom, meg kell kérdeznem.
"don't you also want to walk the path of salvation?"
"nem akarsz te is az üdvösség útján járni?"
"Would you want to hesitate?"
– Akarsz habozni?

"do you want to wait any longer?"
– Akarsz még várni?
Siddhartha awakened as if he had been asleep
Sziddhárta felébredt, mintha aludt volna
For a long time, he looked into Govinda's face
Sokáig Govinda arcába nézett
Then he spoke quietly, in a voice without mockery
Aztán halkan, gúny nélkül beszélt
"Govinda, my friend, now you have taken this step"
"Govinda, barátom, most megtetted ezt a lépést"
"now you have chosen this path"
"Most ezt az utat választottad"
"Always, oh Govinda, you've been my friend"
"Mindig, ó, Govinda, a barátom voltál"
"you've always walked one step behind me"
"Mindig egy lépéssel mögöttem mentél"
"Often I have thought about you"
"Gyakran gondolok rád"
"'Won't Govinda for once also take a step by himself'"
"Govinda egyszer sem tesz egy lépést egyedül"
"'won't Govinda take a step without me?'"
– Govinda egy lépést sem tesz nélkülem?
"'won't he take a step driven by his own soul?'"
""nem tesz egy lépést sem a saját lelke által vezérelve?"
"Behold, now you've turned into a man"
"Íme, most emberré változtál"
"you are choosing your path for yourself"
"Te magad választod az utat"
"I wish that you would go it up to its end"
"Bárcsak a végére mennél"
"oh my friend, I hope that you shall find salvation!"
"Ó barátom, remélem, megtalálod a megváltást!"
Govinda, did not completely understand it yet
Govinda, még nem értette meg teljesen
he repeated his question in an impatient tone
– ismételte meg a kérdést türelmetlen hangon

"Speak up, I beg you, my dear!"
– Beszélj, kérlek, kedvesem!
"Tell me, since it could not be any other way"
"Mondd, mert nem is lehetne másképp"
"won't you also take your refuge with the exalted Buddha?"
– Nem keresel te is menedéket a magasztos Buddhánál?
Siddhartha placed his hand on Govinda's shoulder
Sziddhárta Govinda vállára tette a kezét
"You failed to hear my good wish for you"
"Nem hallottad a jókívánságomat neked"
"I'm repeating my wish for you"
"Megismétlem a kívánságomat neked"
"I wish that you would go this path"
"Bárcsak ezt az utat járnád"
"I wish that you would go up to this path's end"
"Bárcsak felmennél ennek az útnak a végére"
"I wish that you shall find salvation!"
– Bárcsak megtalálnád az üdvösséget!
In this moment, Govinda realized that his friend had left him
Ebben a pillanatban Govinda rájött, hogy barátja elhagyta
when he realized this he started to weep
amikor erre rájött, sírni kezdett
"Siddhartha!" he exclaimed lamentingly
– Sziddhárta! – kiáltott fel siránkozva
Siddhartha kindly spoke to him
Sziddhárta kedvesen beszélt hozzá
"don't forget, Govinda, who you are"
"Ne felejtsd el, Govinda, hogy ki vagy"
"you are now one of the Samanas of the Buddha"
"Te most Buddha egyik szamanája vagy"
"You have renounced your home and your parents"
"Lemondott az otthonáról és a szüleiről"
"you have renounced your birth and possessions"
"Lemondtál a születésedről és a tulajdonodról"
"you have renounced your free will"

"Lemondott a szabad akaratáról"
"you have renounced all friendship"
"Te lemondtál minden barátságról"
"This is what the teachings require"
"Ez az, amit a tanítások megkívánnak"
"this is what the exalted one wants"
"ezt akarja a magasztos"
"This is what you wanted for yourself"
"Ezt akartad magadnak"
"Tomorrow, oh Govinda, I will leave you"
"Holnap, ó, Govinda, elhagylak"
For a long time, the friends continued walking in the garden
A barátok sokáig sétáltak a kertben
for a long time, they lay there and found no sleep
hosszú ideig ott feküdtek, és nem találtak aludni
And over and over again, Govinda urged his friend
Govinda újra és újra sürgette barátját
"why would you not want to seek refuge in Gotama's teachings?"
"miért nem akar menedéket keresni Gotama tanításaihoz?"
"what fault could you find in these teachings?"
"Milyen hibát találtál ezekben a tanításokban?"
But Siddhartha turned away from his friend
De Sziddhárta elfordult barátjától
every time he said, "Be content, Govinda!"
valahányszor azt mondta: "Légy elégedett, Govinda!"
"Very good are the teachings of the exalted one"
"Nagyon jók a Magasztos tanításai"
"how could I find a fault in his teachings?"
"hogyan találhatnék hibát a tanításaiban?"

it was very early in the morning
nagyon kora reggel volt
one of the oldest monks went through the garden
az egyik legidősebb szerzetes átment a kerten

he called to those who had taken their refuge in the teachings
hívta azokat, akik a tanításokban kerestek menedéket
he called them to dress them up in the yellow robe
felhívta őket, hogy öltöztessék fel őket a sárga köntösbe
and he instruct them in the first teachings and duties of their position
és eligazítja őket pozíciójuk első tanításaiban és kötelességeiben
Govinda once again embraced his childhood friend
Govinda ismét magához ölelte gyerekkori barátját
and then he left with the novices
aztán elment az újoncokkal
But Siddhartha walked through the garden, lost in thought
De Sziddhárta gondolataiba merülve sétált át a kerten
Then he happened to meet Gotama, the exalted one
Aztán véletlenül találkozott Gótamával, a magasztossal
he greeted him with respect
tisztelettel köszöntötte
the Buddha's glance was full of kindness and calm
Buddha pillantása csupa kedvesség és nyugalom volt
the young man summoned his courage
a fiatalember összeszedte bátorságát
he asked the venerable one for the permission to talk to him
engedélyt kért a tiszteletreméltótól, hogy beszélhessen vele
Silently, the exalted one nodded his approval
A magasztos némán helyeslően bólintott
Spoke Siddhartha, "Yesterday, oh exalted one"
Sziddhárta beszélt: "Tegnap, ó, magasztos ember"
"I had been privileged to hear your wondrous teachings"
"Kiváltságban volt részem, hogy hallhattam csodálatos tanításaidat"
"Together with my friend, I had come from afar, to hear your teachings"
"A barátommal együtt messziről jöttem, hogy halljam a tanításaidat"

"And now my friend is going to stay with your people"
"És most a barátom a te népeddel fog maradni"
"he has taken his refuge with you"
"veled keresett menedéket"
"But I will again start on my pilgrimage"
"De újra elindulok a zarándokutamon"
"As you please," the venerable one spoke politely
– Ahogy tetszik – szólalt meg udvariasan a tiszteletreméltó
"Too bold is my speech," Siddhartha continued
– Túl merész a beszédem – folytatta Sziddhárta
"but I do not want to leave the exalted on this note"
"de nem akarom a magasztost ezen a hangon hagyni"
"I want to share with the most venerable one my honest thoughts"
"Szeretném megosztani őszinte gondolataimat a legtiszteltebb emberrel"
"Does it please the venerable one to listen for one moment longer?"
– Tetszik a tiszteletreméltó, ha még egy pillanatig hallgat?
Silently, the Buddha nodded his approval
Buddha némán helyeslően bólintott
Spoke Siddhartha, "oh most venerable one"
Sziddhárta beszélt, "ó, legtiszteletreméltóbb"
"there is one thing I have admired in your teachings most of all"
"Van egy dolog, amit a legjobban csodáltam a tanításaidban"
"Everything in your teachings is perfectly clear"
"A tanításaidban minden teljesen vilagos"
"what you speak of is proven"
"amiről beszélsz, bebizonyosodott"
"you are presenting the world as a perfect chain"
"Tökéletes láncként mutatod be a világot"
"a chain which is never and nowhere broken"
"egy lánc, amely soha és sehol nem szakad el"
"an eternal chain the links of which are causes and effects"
"örök lánc, melynek láncszemei okok és következmények"

"Never before, has this been seen so clearly"
"Soha azelőtt, ezt nem látták még ilyen tisztán"
"never before, has this been presented so irrefutably"
"soha még nem mutatták be ilyen cáfolhatatlanul"
"truly, the heart of every Brahman has to beat stronger with love"
"Valóban, minden brahman szívének erősebben kell dobognia a szeretettől"
"he has seen the world through your perfectly connected teachings"
"Látta a világot a te tökéletesen összekapcsolt tanításaidon keresztül"
"without gaps, clear as a crystal"
"Rések nélkül, tiszta, mint a kristály"
"not depending on chance, not depending on Gods"
"nem függ a véletlentől, nem függ az istenektől"
"he has to accept it whether it may be good or bad"
"el kell fogadnia, akár jó, akár rossz"
"he has to live by it whether it would be suffering or joy"
"Ezzel kell élnie, akár szenvedés, akár öröm"
"but I do not wish to discuss the uniformity of the world"
"de nem a világ egyformaságáról akarok beszélni"
"it is possible that this is not essential"
"lehetséges, hogy ez nem elengedhetetlen"
"everything which happens is connected"
"minden, ami történik, összefügg"
"the great and the small things are all encompassed"
"a nagy és a kicsi dolgok mind magukba foglalnak"
"they are connected by the same forces of time"
"ugyanaz az időbeli erő köti össze őket"
"they are connected by the same law of causes"
"az okok ugyanazon törvénye köti össze őket"
"the causes of coming into being and of dying"
"a keletkezés és a halál okai"
"this is what shines brightly out of your exalted teachings"
"ez az, ami fényesen kiragyog magasztos tanításaidból"

"But, according to your very own teachings, there is a small gap"
"De a saját tanításaid szerint van egy kis hézag"
"this unity and necessary sequence of all things is broken in one place"
"minden dolgoknak ez az egysége és szükséges sorrendje egy helyen megszakad"
"this world of unity is invaded by something alien"
"az egység világát valami idegen támadja meg"
"there is something new, which had not been there before"
"van valami új, ami korábban nem volt"
"there is something which cannot be demonstrated"
"van valami, amit nem lehet kimutatni"
"there is something which cannot be proven"
"van valami, amit nem lehet bizonyítani"
"these are your teachings of overcoming the world"
„Ezek a te tanításaid a világ legyőzésére"
"these are your teachings of salvation"
"Ezek a te üdvösségi tanításaid"
"But with this small gap, the eternal breaks apart again"
"De ezzel a kis hézaggal az örökkévaló újra szétszakad"
"with this small breach, the law of the world becomes void"
"ezzel a kis hágással a világ törvénye érvénytelenné válik"
"Please forgive me for expressing this objection"
"Kérlek, bocsáss meg, amiért ezt az ellenvetést kifejeztem"
Quietly, Gotama had listened to him, unmoved
Gótama csendben, rendületlenül hallgatta őt
Now he spoke, the perfected one, with his kind and polite clear voice
Most ő beszélt, a tökéletesített, kedves és udvarias tiszta hangján
"You've heard the teachings, oh son of a Brahman"
"Hallottad a tanításokat, ó, Brahman fia"
"and good for you that you've thought about it this deeply"
"és jó neked, hogy ilyen mélyen átgondoltad"
"You've found a gap in my teachings, an error"

"Hézagot találtál a tanításaimban, egy hibát"
"You should think about this further"
"Ezen tovább kellene gondolkodnod"
"But be warned, oh seeker of knowledge, of the thicket of opinions"
"De vigyázz, ó, a tudás keresője, a vélemények sűrűjétől"
"be warned of arguing about words"
"figyelmeztetni kell a szavakról való vitákra"
"There is nothing to opinions"
"Nincs semmi vélemény"
"they may be beautiful or ugly"
"lehet szépek vagy csúnyák"
"opinions may be smart or foolish"
"A vélemények lehetnek okosak vagy ostobák"
"everyone can support opinions, or discard them"
"Mindenki támogathatja a véleményét, vagy elveheti"
"But the teachings, you've heard from me, are no opinion"
"De a tanítások, amit tőlem hallottál, nem vélemény"
"their goal is not to explain the world to those who seek knowledge"
"Nem az a céljuk, hogy elmagyarázzák a világot azoknak, akik tudásra vágynak"
"They have a different goal"
"Más céljuk van"
"their goal is salvation from suffering"
"Céljuk a szenvedéstől való megváltás"
"This is what Gotama teaches, nothing else"
"Ez az, amit Gotama tanít, semmi más"
"I wish that you, oh exalted one, would not be angry with me" said the young man
– Bárcsak te, ó, magasztos, ne haragudnál rám – mondta a fiatalember
"I have not spoken to you like this to argue with you"
"Nem azért beszéltem veled így, hogy vitatkozzam veled"
"I do not wish to argue about words"
"Nem akarok szavakon vitatkozni"

"You are truly right, there is little to opinions"
"Igazad van, nincs sok vélemény"
"But let me say one more thing"
– De hadd mondjak még valamit!
"I have not doubted in you for a single moment"
"Egy pillanatig sem kételkedtem benned"
"I have not doubted for a single moment that you are Buddha"
"Egyetlen pillanatig sem kételkedtem abban, hogy te vagy Buddha"
"I have not doubted that you have reached the highest goal"
"Nem kételkedtem abban, hogy elérted a legmagasabb célt"
"the highest goal towards which so many Brahmans are on their way"
"a legmagasabb cél, amely felé oly sok brahman van úton"
"You have found salvation from death"
"Megmentést találtál a haláltól"
"It has come to you in the course of your own search"
"Saját keresése során jutott el hozzátok"
"it has come to you on your own path"
"a saját utadon jött el hozzád"
"it has come to you through thoughts and meditation"
"gondolatokon és meditáción keresztül jutott el hozzád"
"it has come to you through realizations and enlightenment"
"a felismeréseken és a megvilágosodáson keresztül jutott el hozzátok"
"but it has not come to you by means of teachings!"
"de ez nem tanítás útján jutott el hozzád!"
"And this is my thought"
"És ez az én gondolatom"
"nobody will obtain salvation by means of teachings!"
"Senki sem fog üdvösséget szerezni tanítások által!"
"You will not be able to convey your hour of enlightenment"
"Nem fogod tudni átadni a megvilágosodás óráját"
"words of what has happened to you won't convey the moment!"

"A veled történt szavak nem adják vissza a pillanatot!"
"The teachings of the enlightened Buddha contain much"
"A megvilágosodott Buddha tanításai sok mindent tartalmaznak"
"it teaches many to live righteously"
"sokakat megtanít igazságosan élni"
"it teaches many to avoid evil"
"Sokakat megtanít elkerülni a rosszat"
"But there is one thing which these teachings do not contain"
"De van egy dolog, amit ezek a tanítások nem tartalmaznak"
"they are clear and venerable, but the teachings miss something"
"Egyértelműek és tiszteletreméltóak, de a tanításokból hiányzik valami"
"the teachings do not contain the mystery"
"a tanítások nem tartalmazzák a titkot"
"the mystery of what the exalted one has experienced for himself"
"az a titka, hogy mit tapasztalt meg a magasztos ember"
"among hundreds of thousands, only he experienced it"
"Százezrek közül csak ő tapasztalta"
"This is what I have thought and realized, when I heard the teachings"
"Ez az, amire gondoltam és rájöttem, amikor hallottam a tanításokat"
"This is why I am continuing my travels"
"Ezért folytatom az utazásaimat"
"this is why I do not to seek other, better teachings"
"ezért nem keresek más, jobb tanításokat"
"I know there are no better teachings"
"Tudom, hogy nincsenek jobb tanítások"
"I leave to depart from all teachings and all teachers"
"Hagyom, hogy eltérjek minden tanítástól és minden tanítótól"
"I leave to reach my goal by myself, or to die"
"Elmegyek, hogy egyedül elérjem a célomat, vagy meghaljak"
"But often, I'll think of this day, oh exalted one"

"De gyakran eszembe jut ez a nap, ó, magasztos"
"and I'll think of this hour, when my eyes beheld a holy man"
"És arra az órára gondolok, amikor szemeim egy szent embert láttak"
The Buddha's eyes quietly looked to the ground
Buddha szeme csendesen a földre nézett
quietly, in perfect equanimity, his inscrutable face was smiling
csendesen, tökéletes nyugalomban, kifürkészhetetlen arca mosolygott
the venerable one spoke slowly
a tiszteletreméltó lassan beszélt
"I wish that your thoughts shall not be in error"
"Bárcsak ne tévedjenek a gondolataid"
"I wish that you shall reach the goal!"
– Bárcsak elérnéd a célt!
"But there is something I ask you to tell me"
– De van valami, amit megkérlek, mondd el.
"Have you seen the multitude of my Samanas?"
– Láttad Samanáim sokaságát?
"they have taken refuge in the teachings"
"menedéket találtak a tanításokban"
"do you believe it would be better for them to abandon the teachings?"
"Szerinted jobb lenne, ha feladnák a tanításokat?"
"should they to return into the world of desires?"
"vissza kellene térniük a vágyak világába?"
Far is such a thought from my mind" exclaimed Siddhartha
– Messze van az elmémtől egy ilyen gondolat – kiáltott fel Sziddhárta
"I wish that they shall all stay with the teachings"
"Bárcsak mindannyian a tanításoknál maradnának"
"I wish that they shall reach their goal!"
– Bárcsak elérnék a céljukat!
"It is not my place to judge another person's life"

"Nem az én dolgom megítélni egy másik ember életét"
"I can only judge my own life "
"Csak a saját életemet tudom megítélni"
"I must decide, I must chose, I must refuse"
"Döntenem kell, választanom kell, vissza kell utasítanom"
"Salvation from the self is what we Samanas search for"
"Mi Samanák az éntől való megváltást keressük"
"oh exalted one, if only I were one of your disciples"
"Ó, magasztos, ha én lennék az egyik tanítványod"
"I'd fear that it might happen to me"
"Félek, hogy megtörténhet velem"
"only seemingly, would my self be calm and be redeemed"
"Csak látszólag lennék nyugodt és megváltható"
"but in truth it would live on and grow"
"de valójában tovább élne és növekedne"
"because then I would replace my self with the teachings"
"mert akkor én magamat a tanításokkal helyettesíteném"
"my self would be my duty to follow you"
"én én kötelességem lenne követni téged"
"my self would be my love for you"
"én énem lenne a szerelmem irántad"
"and my self would be the community of the monks!"
"És énem a szerzetesek közössége lenne!"
With half of a smile Gotama looked into the stranger's eyes
Gotama félmosollyal az idegen szemébe nézett
his eyes were unwaveringly open and kind
szeme rendületlenül nyitott és kedves volt
he bid him to leave with a hardly noticeable gesture
alig észrevehető mozdulattal távozásra intette
"You are wise, oh Samana" the venerable one spoke
– Bölcs vagy, ó Samana – szólalt meg a tiszteletreméltó
"You know how to talk wisely, my friend"
– Tudsz bölcsen beszélni, barátom!
"Be aware of too much wisdom!"
– Légy tudatában a túl sok bölcsességnek!
The Buddha turned away

A Buddha elfordult
Siddhartha would never forget his glance
Sziddhárta soha nem felejti el a pillantását
his half smile remained forever etched in Siddhartha's memory
fél mosolya örökre bevésődött Sziddhárta emlékezetébe
Siddhartha thought to himself
gondolta magában Sziddhárta
"I have never before seen a person glance and smile this way"
"Soha nem láttam még embert így nézni és mosolyogni"
"no one else sits and walks like he does"
"Senki más nem ül és nem jár úgy, mint ő"
"truly, I wish to be able to glance and smile this way"
"Valóban, szeretném, ha így nézhetnék és mosolyoghatnék"
"I wish to be able to sit and walk this way, too"
"Szeretnék én is így ülni és járni"
"liberated, venerable, concealed, open, childlike and mysterious"
"felszabadult, tiszteletreméltó, rejtett, nyitott, gyermeki és titokzatos"
"he must have succeeded in reaching the innermost part of his self"
"Bizonyára sikerült elérnie énjének legbelső részét"
"only then can someone glance and walk this way"
"Csak akkor tud valaki rápillantani és járni ezen az úton"
"I will also seek to reach the innermost part of my self"
"Igyekszem majd elérni énem legbelső részét is"
"I saw a man" Siddhartha thought
„Láttam egy férfit" – gondolta Siddhartha
"a single man, before whom I would have to lower my glance"
"egyetlen férfi, aki előtt le kellene pillantanom"
"I do not want to lower my glance before anyone else"
"Nem akarom senki más elé sodorni a pillantásomat"
"No teachings will entice me more anymore"

"Nem csábítanak többé tanítások"
"because this man's teachings have not enticed me"
"mert ennek az embernek a tanításai nem csábítottak el"
"I am deprived by the Buddha" thought Siddhartha
„Buddha megfoszt engem" – gondolta Sziddhárta
"I am deprived, although he has given so much"
"Fénytelen vagyok, bár ő annyit adott"
"he has deprived me of my friend"
"megfosztott a barátomtól"
"my friend who had believed in me"
"barátom, aki hitt bennem"
"my friend who now believes in him"
"barátom, aki most hisz benne"
"my friend who had been my shadow"
"barátom, aki az árnyékom volt"
"and now he is Gotama's shadow"
"és most ő Gotama árnyéka"
"but he has given me Siddhartha"
"de ő adta nekem Sziddhártát"
"he has given me myself"
"önmagam adta nekem"

Awakening
Ébredés

Siddhartha left the mango grove behind him
Sziddhárta maga mögött hagyta a mangóligetet
but he felt his past life also stayed behind
de úgy érezte, múltbeli élete is hátramaradt
the Buddha, the perfected one, stayed behind
a Buddha, a tökéletesedett, hátramaradt
and Govinda stayed behind too
és Govinda is hátramaradt
and his past life had parted from him
és korábbi élete elvált tőle
he pondered as he was walking slowly
– töprengett, miközben lassan sétált
he pondered about this sensation, which filled him completely
– töprengett ezen az érzésen, ami teljesen betöltötte
He pondered deeply, like diving into a deep water
Mélyen töprengett, mintha egy mély vízbe merülne
he let himself sink down to the ground of the sensation
hagyta magát lesüllyedni a szenzáció talajára
he let himself sink down to the place where the causes lie
hagyta magát lesüllyedni arra a helyre, ahol az okok rejlenek
to identify the causes is the very essence of thinking
az okok azonosítása a gondolkodás lényege
this was how it seemed to him
így tűnt neki
and by this alone, sensations turn into realizations
és egyedül ez által válnak az érzetek felismerésekké
and these sensations are not lost
és ezek az érzések nem vesznek el
but the sensations become entities
de az érzetek entitásokká válnak
and the sensations start to emit what is inside of them
és az érzések elkezdik kibocsátani azt, ami bennük van

they show their truths like rays of light
fénysugarakként mutatják meg igazságaikat
Slowly walking along, Siddhartha pondered
Lassan haladva Siddhartha töprengett
He realized that he was no youth any more
Rájött, hogy ő már nem fiatal
he realized that he had turned into a man
rájött, hogy férfivá változott
He realized that something had left him
Rájött, hogy valami elhagyta
the same way a snake is left by its old skin
ugyanúgy, ahogy a kígyót otthagyja a régi bőre
what he had throughout his youth no longer existed in him
ami fiatalkorában megvolt, már nem létezett benne
it used to be a part of him; the wish to have teachers
régebben része volt; tanárok vágya
the wish to listen to teachings
a tanítások meghallgatásának vágya
He had also left the last teacher who had appeared on his path
Elhagyta az utolsó tanárt is, aki megjelent az útján
he had even left the highest and wisest teacher
még a legmagasabb és legbölcsebb tanárt is elhagyta
he had left the most holy one, Buddha
elhagyta a legszentebbet, Buddhát
he had to part with him, unable to accept his teachings
meg kellett válnia tőle, nem tudta elfogadni a tanításait
Slower, he walked along in his thoughts
Lassabban ment végig gondolataiban
and he asked himself, "But what is this?"
és megkérdezte magában: – De mi ez?
"what have you sought to learn from teachings and from teachers?"
"Mit akartál tanulni a tanításokból és a tanároktól?"
"and what were they, who have taught you so much?"
"És mik voltak azok, akik annyi mindent megtanítottak?"

"what are they if they have been unable to teach you?"
– mik azok, ha nem tudtak megtanítani?
And he found, "It was the self"
És rájött: "Ez az énje volt"
"it was the purpose and essence of which I sought to learn"
"ez volt a célja és a lényege, amit igyekeztem megtanulni"
"It was the self I wanted to free myself from"
"Ez volt az én, amitől meg akartam szabadulni"
"the self which I sought to overcome"
"az én, amelyet le akartam győzni"
"But I was not able to overcome it"
"De nem tudtam legyőzni"
"I could only deceive it"
"Csak megtéveszteni tudtam"
"I could only flee from it"
"Csak menekülni tudtam előle"
"I could only hide from it"
"Csak elbújhattam előle"
"Truly, no thing in this world has kept my thoughts so busy"
"Valóban, ezen a világon semmi sem foglalkoztatta volna ennyire a gondolataimat"
"I have been kept busy by the mystery of me being alive"
"Az életbenlétem rejtélye foglalkoztatott"
"the mystery of me being one"
"az a titka, hogy egy vagyok"
"the mystery if being separated and isolated from all others"
"A rejtély, ha elválasztják és elszigetelik az összes többitől"
"the mystery of me being Siddhartha!"
"Az a rejtély, hogy Sziddhárta vagyok!"
"And there is no thing in this world I know less about"
"És nincs olyan dolog a világon, amiről kevesebbet tudnék"
he had been pondering while slowly walking along
– töprengett, miközben lassan sétált
he stopped as these thoughts caught hold of him
– megállt, amikor ezek a gondolatok elfogták

and right away another thought sprang forth from these thoughts
és mindjárt egy másik gondolat pattant ki ezekből a gondolatokból
"there's one reason why I know nothing about myself"
"van egy oka annak, hogy nem tudok magamról semmit"
"there's one reason why Siddhartha has remained alien to me"
"van egy oka annak, hogy Sziddhárta idegen maradt számomra"
"all of this stems from one cause"
"mindez egy okból fakad"
"I was afraid of myself, and I was fleeing"
"Féltem magamtól, és menekültem"
"I have searched for both Atman and Brahman"
"Már Atmant és Brahmant is kerestem"
"for this I was willing to dissect my self"
"Ezért hajlandó voltam felboncolni önmagamat"
"and I was willing to peel off all of its layers"
"és hajlandó voltam lehámozni az összes rétegét"
"I wanted to find the core of all peels in its unknown interior"
"Minden hámlasztás magját szerettem volna megtalálni annak ismeretlen belsejében"
"the Atman, life, the divine part, the ultimate part"
"Az Atman, az élet, az isteni rész, a végső rész"
"But I have lost myself in the process"
"De közben elvesztettem magam"
Siddhartha opened his eyes and looked around
Sziddhárta kinyitotta a szemét, és körülnézett
looking around, a smile filled his face
körülnézett, mosoly töltötte el az arcát
a feeling of awakening from long dreams flowed through him
a hosszú álmokból való felébredés érzése áramlott át rajta
the feeling flowed from his head down to his toes

az érzés a fejétől a lábujjaiig áradt
And it was not long before he walked again
És nem sokkal később újra járt
he walked quickly, like a man who knows what he has got to do
gyorsan ment, mint egy ember, aki tudja, mit kell tennie
"now I will not let Siddhartha escape from me again!"
– Most már nem engedem, hogy Sziddhárta megszökjön előlem!
"I no longer want to begin my thoughts and my life with Atman"
"Nem akarom többé Atmannel kezdeni a gondolataimat és az életemet"
"nor do I want to begin my thoughts with the suffering of the world"
"Én sem akarom gondolataimat a világ szenvedésével kezdeni"
"I do not want to kill and dissect myself any longer"
"Nem akarom tovább ölni és boncolgatni magam"
"Yoga-Veda shall not teach me anymore"
"A jóga-véda nem tanít többé"
"nor Atharva-Veda, nor the ascetics"
"sem Atharva-Veda, sem az aszkéták"
"there will not be any kind of teachings"
"nem lesz semmiféle tanítás"
"I want to learn from myself and be my student"
"Szeretnék tanulni magamtól és a tanítványom lenni"
"I want to get to know myself; the secret of Siddhartha"
"Meg akarom ismerni önmagam, Sziddhárta titkát"

He looked around, as if he was seeing the world for the first time
Körülnézett, mintha most látná először a világot
Beautiful and colourful was the world
Szép és színes volt a világ
strange and mysterious was the world

furcsa és titokzatos volt a világ
Here was blue, there was yellow, here was green
Itt volt kék, volt sárga, itt volt zöld
the sky and the river flowed
az ég és a folyó ömlött
the forest and the mountains were rigid
az erdő és a hegyek merevek voltak
all of the world was beautiful
az egész világ gyönyörű volt
all of it was mysterious and magical
az egész titokzatos és varázslatos volt
and in its midst was he, Siddhartha, the awakening one
és a közepén volt ő, Sziddhárta, az ébredő
and he was on the path to himself
és úton volt önmagához
all this yellow and blue and river and forest entered Siddhartha
mindez a sárga és kék, a folyó és az erdő behatolt Sziddhártába
for the first time it entered through the eyes
először a szemen keresztül jutott be
it was no longer a spell of Mara
ez már nem Mara varázslata volt
it was no longer the veil of Maya
ez már nem volt Maya fátyla
it was no longer a pointless and coincidental
ez már nem volt értelmetlen és véletlen
things were not just a diversity of mere appearances
a dolgok nem csupán a látszat sokféleségét jelentették
appearances despicable to the deeply thinking Brahman
a mélyen gondolkodó Brahman számára megvetendő látszat
the thinking Brahman scorns diversity, and seeks unity
a gondolkodó Brahman megveti a sokféleséget, és az egységet keresi
Blue was blue and river was river
A kék kék volt, a folyó pedig folyó

the singular and divine lived hidden in Siddhartha
az egyes és az isteni elrejtve élt Sziddhártában
divinity's way and purpose was to be yellow here, and blue there
Az istenség útja és célja az volt, hogy sárga legyen itt, és kék ott
there sky, there forest, and here Siddhartha
ott ég, ott erdő, és itt Sziddhárta
The purpose and essential properties was not somewhere behind the things
A cél és a lényeges tulajdonságok nem voltak valahol a dolgok mögött
the purpose and essential properties was inside of everything
a cél és a lényeges tulajdonságok mindenben benne voltak
"How deaf and stupid have I been!" he thought
– Milyen süket és ostoba voltam! – gondolta
and he walked swiftly along
és gyorsan haladt
"When someone reads a text he will not scorn the symbols and letters"
"Ha valaki elolvas egy szöveget, nem fogja megvetni a szimbólumokat és a betűket."
"he will not call the symbols deceptions or coincidences"
"nem fogja a szimbólumokat csalásnak vagy véletlennek nevezni"
"but he will read them as they were written"
"de úgy fogja olvasni őket, ahogy meg vannak írva"
"he will study and love them, letter by letter"
"tanulni fogja és szeretni fogja őket, betűről betűre"
"I wanted to read the book of the world and scorned the letters"
"El akartam olvasni a világ könyvét, és megvetettem a betűket"
"I wanted to read the book of myself and scorned the symbols"

"El akartam olvasni a magam könyvét, és megvetettem a szimbólumokat"
"I called my eyes and my tongue coincidental"
"Véletlennek neveztem a szemem és a nyelvem"
"I said they were worthless forms without substance"
"Azt mondtam, hogy ezek értéktelen formák anyag nélkül"
"No, this is over, I have awakened"
"Nem, ennek vége, felébredtem"
"I have indeed awakened"
"Valóban felébredtem"
"I had not been born before this very day"
"Én még nem születtem a mai nap előtt"
In thinking these thoughts, Siddhartha suddenly stopped once again
Amikor ezeket a gondolatokat gondolta, Sziddhárta hirtelen ismét megállt
he stopped as if there was a snake lying in front of him
megállt, mintha egy kígyó hevert volna előtte
suddenly, he had also become aware of something else
hirtelen valami másra is rájött
He was indeed like someone who had just woken up
Valóban olyan volt, mint aki most ébredt fel
he was like a new-born baby starting life anew
olyan volt, mint egy újszülött, aki újrakezdi az életet
and he had to start again at the very beginning
és a legelején újra kellett kezdenie
in the morning he had had very different intentions
reggel egészen más szándékai voltak
he had thought to return to his home and his father
arra gondolt, hogy visszatér otthonába és az apjához
But now he stopped as if a snake was lying on his path
De most megállt, mintha kígyó hevert volna az ösvényén
he made a realization of where he was
rájött, hogy hol van
"I am no longer the one I was"
"Már nem vagyok az, aki voltam"

"I am no ascetic anymore"
"Nem vagyok többé aszkéta"
"I am not a priest anymore"
"Nem vagyok többé pap"
"I am no Brahman anymore"
"Nem vagyok többé Brahman"
"Whatever should I do at my father's place?"
– Mit csináljak apámnál?
"Study? Make offerings? Practise meditation?"
"Tanulj? Tegyél felajánlásokat? Gyakorold a meditációt?"
"But all this is over for me"
"De nekem ennek az egésznek vége"
"all of this is no longer on my path"
"mindez már nincs az utamban"
Motionless, Siddhartha remained standing there
Sziddhárta mozdulatlanul állt ott
and for the time of one moment and breath, his heart felt cold
és egy pillanat és egy lélegzet erejéig hidegnek érezte a szívét
he felt a coldness in his chest
hideget érzett a mellkasában
the same feeling a small animal feels when it sees how alone it is
ugyanaz az érzés, amit egy kis állat érez, amikor látja, mennyire egyedül van
For many years, he had been without home and had felt nothing
Sok éven át otthon nélkül volt, és semmit sem érzett
Now, he felt he had been without a home
Most úgy érezte, otthon nélkül maradt
Still, even in the deepest meditation, he had been his father's son
Ennek ellenére még a legmélyebb meditációban is az apja fia volt
he had been a Brahman, of a high caste
brahman volt, magas kasztból

he had been a cleric
pap volt
Now, he was nothing but Siddhartha, the awoken one
Nos, ő nem volt más, mint Sziddhárta, a felébredt
nothing else was left of him
semmi más nem maradt belőle
Deeply, he inhaled and felt cold
Mélyen beszívta a levegőt, és fázott
a shiver ran through his body
borzongás futott végig a testén
Nobody was as alone as he was
Senki sem volt olyan egyedül, mint ő
There was no nobleman who did not belong to the noblemen
Nem volt nemes, aki ne a nemesek közé tartozott volna
there was no worker that did not belong to the workers
nem volt olyan munkás, aki ne a munkások közé tartozott volna
they had all found refuge among themselves
mindannyian maguk között találtak menedéket
they shared their lives and spoke their languages
megosztották életüket és beszélték nyelvüket
there are no Brahman who would not be regarded as Brahmans
nincs olyan Brahman, akit ne tekintenének Brahmannak
and there are no Brahmans that didn't live as Brahmans
és nincs olyan brahman, aki ne brahmanként élt volna
there are no ascetic who could not find refuge with the Samanas
nincs olyan aszkéta, aki ne találna menedéket a Samanáknál
and even the most forlorn hermit in the forest was not alone
és még az erdő legelhagyatottabb remete sem volt egyedül
he was also surrounded by a place he belonged to
őt is körülvette egy hely, ahová tartozott
he also belonged to a caste in which he was at home
ő is egy kaszthoz tartozott, amelyben otthon volt

Govinda had left him and became a monk
Govinda elhagyta őt, és szerzetes lett
and a thousand monks were his brothers
és ezer szerzetes volt a testvére
they wore the same robe as him
ugyanazt a köntöst viselték, mint ő
they believed in his faith and spoke his language
hittek a hitében és beszélték az ő nyelvét
But he, Siddhartha, where did he belong to?
De ő, Sziddhárta, hova tartozott?
With whom would he share his life?
Kivel osztaná meg az életét?
Whose language would he speak?
Kinek a nyelvén beszélne?
the world melted away all around him
a világ elolvadt körülötte
he stood alone like a star in the sky
egyedül állt, mint egy csillag az égen
cold and despair surrounded him
hideg és kétségbeesés vette körül
but Siddhartha emerged out of this moment
de Sziddhárta előbukkant ebből a pillanatból
Siddhartha emerged more his true self than before
Siddhartha jobban feltárta igazi énjét, mint korábban
he was more firmly concentrated than he had ever been
határozottabban koncentrált, mint valaha
He felt; "this had been the last tremor of the awakening"
Úgy érezte; "ez volt az ébredés utolsó remegése"
"the last struggle of this birth"
"e születés utolsó küzdelme"
And it was not long until he walked again in long strides
És nem telt el sok idő, míg ismét hosszú léptekkel sétált
he started to proceed swiftly and impatiently
gyorsan és türelmetlenül haladni kezdett
he was no longer going home
már nem ment haza

he was no longer going to his father
már nem ment az apjához

Part Two
Második rész

***

Kamala

Siddhartha learned something new on every step of his path
Sziddhárta útja minden lépésén tanult valami újat
because the world was transformed and his heart was enchanted
mert a világ átalakult és a szíve elvarázsolt
He saw the sun rising over the mountains
Látta a napot felkelni a hegyek fölött
and he saw the sun setting over the distant beach
és látta a napot lenyugodni a távoli tengerpart felett
At night, he saw the stars in the sky in their fixed positions
Éjszaka látta a csillagokat az égen rögzített helyzetükben
and he saw the crescent of the moon floating like a boat in the blue
és látta a holdsarlót csónakként lebegni a kékben
He saw trees, stars, animals, and clouds
Fákat, csillagokat, állatokat és felhőket látott
rainbows, rocks, herbs, flowers, streams and rivers
szivárványok, sziklák, gyógynövények, virágok, patakok és folyók
he saw the glistening dew in the bushes in the morning
reggel látta a csillogó harmatot a bokrok között
he saw distant high mountains which were blue
távoli magas hegyeket látott, amelyek kékek voltak
wind blew through the rice-field
szél fújt át a rizsföldön
all of this, a thousand-fold and colourful, had always been there
mindez, ezerszeresen és színesen, mindig is ott volt
the sun and the moon had always shone

a nap és a hold mindig sütött
rivers had always roared and bees had always buzzed
a folyók mindig zúgtak és a méhek mindig zúgtak
but in former times all of this had been a deceptive veil
de a korábbi időkben mindez megtévesztő fátyol volt
to him it had been nothing more than fleeting
számára ez nem volt más, mint múlandó
it was supposed to be looked upon in distrust
hitetlenkedve kellett volna nézni
it was destined to be penetrated and destroyed by thought
arra volt hivatva, hogy a gondolat átjárja és elpusztítsa
since it was not the essence of existence
hiszen nem ez volt a létezés lényege
since this essence lay beyond, on the other side of, the visible
mivel ez a lényeg a láthatón túl, a másik oldalán feküdt
But now, his liberated eyes stayed on this side
Most azonban felszabadult tekintete ezen az oldalon maradt
he saw and became aware of the visible
látta és tudatosította a láthatót
he sought to be at home in this world
igyekezett otthon lenni ezen a világon
he did not search for the true essence
nem az igazi lényeget kereste
he did not aim at a world beyond
nem egy azon túli világot célozta meg
this world was beautiful enough for him
ez a világ elég szép volt neki
looking at it like this made everything childlike
így nézve minden gyerekes lett
Beautiful were the moon and the stars
Gyönyörűek voltak a hold és a csillagok
beautiful was the stream and the banks
gyönyörű volt a patak és a partok
the forest and the rocks, the goat and the gold-beetle
az erdő és a sziklák, a kecske és az aranybogár

the flower and the butterfly; beautiful and lovely it was
a virág és a pillangó; szép és szép volt
to walk through the world was childlike again
a világot járni megint gyerekes volt
this way he was awoken
így felébresztették
this way he was open to what is near
így nyitott volt arra, ami közel van
this way he was without distrust
így nem volt bizalmatlan
differently the sun burnt the head
másképp a nap égette meg a fejet
differently the shade of the forest cooled him down
másképp az erdő árnyéka hűtötte le
differently the pumpkin and the banana tasted
másképp ízlett a sütőtök és a banán
Short were the days, short were the nights
Rövidek voltak a nappalok, rövidek az éjszakák
every hour sped swiftly away like a sail on the sea
minden óra gyorsan elszáguldott, mint egy vitorla a tengeren
and under the sail was a ship full of treasures, full of joy
a vitorla alatt pedig egy hajó volt tele kincsekkel, csupa öröm
Siddhartha saw a group of apes moving through the high canopy
Sziddhárta egy csapat majmot látott áthaladni a magas lombkoronán
they were high in the branches of the trees
magasan voltak a fák ágai között
and he heard their savage, greedy song
és meghallotta vad, kapzsi éneküket
Siddhartha saw a male sheep following a female one and mating with her
Sziddhárta látott egy hím bárányt, aki követi a nőstényt, és párosodott vele
In a lake of reeds, he saw the pike hungrily hunting for its dinner

Egy nádas tóban látta a csukát, amint éhesen vadászik a vacsorájára
young fish were propelling themselves away from the pike
fiatal halak lökdösték magukat a csukától
they were scared, wiggling and sparkling
féltek, hadonásztak és szikráztak
the young fish jumped in droves out of the water
a fiatal halak tömegével ugrottak ki a vízből
the scent of strength and passion came forcefully out of the water
az erő és a szenvedély illata erőteljesen kiszállt a vízből
and the pike stirred up the scent
és a csuka felkavarta az illatot
All of this had always existed
Mindez mindig is létezett
and he had not seen it, nor had he been with it
és nem látta, és nem is volt vele
Now he was with it and he was part of it
Most vele volt, és részese volt
Light and shadow ran through his eyes
Fény és árnyék futott át a szemén
stars and moon ran through his heart
csillagok és hold futottak át a szívén

Siddhartha remembered everything he had experienced in the Garden Jetavana
Sziddhárta mindenre emlékezett, amit a Jetavana-kertben tapasztalt
he remembered the teaching he had heard there from the divine Buddha
eszébe jutott az a tanítás, amelyet ott hallott az isteni Buddhától
he remembered the farewell from Govinda
eszébe jutott a Govindától való búcsú
he remembered the conversation with the exalted one
eszébe jutott a magasztossal folytatott beszélgetés

Again he remembered his own words that he had spoken to the exalted one
Ismét eszébe jutottak saját szavai, amelyeket a magasztossal mondott
he remembered every word
minden szavára emlékezett
he realized he had said things which he had not really known
rájött, hogy olyan dolgokat mondott, amelyeket valójában nem tudott
he astonished himself with what he had said to Gotama
elképedt azon, amit Gótamának mondott
the Buddha's treasure and secret was not the teachings
Buddha kincse és titka nem a tanítások voltak
but the secret was the inexpressible and not teachable
de a titok a kimondhatatlan és nem tanítható volt
the secret which he had experienced in the hour of his enlightenment
a titok, amelyet megvilágosodása órájában tapasztalt
the secret was nothing but this very thing which he had now gone to experience
a titok nem más, mint ez a dolog, amit most átélt
the secret was what he now began to experience
a titok az volt, amit most kezdett átélni
Now he had to experience his self
Most meg kellett tapasztalnia önmagát
he had already known for a long time that his self was Atman
már régóta tudta, hogy énje Atman
he knew Atman bore the same eternal characteristics as Brahman
tudta, hogy Atman ugyanazokat az örökkévaló tulajdonságokat viseli, mint Brahman
But he had never really found this self
De valójában soha nem találta meg ezt az önmagát

because he had wanted to capture the self in the net of thought
mert be akarta ragadni az ént a gondolatok hálójába
but the body was not part of the self
de a test nem volt része az énnek
it was not the spectacle of the senses
nem az érzékek látványa volt
so it also was not the thought, nor the rational mind
tehát nem is a gondolat volt, sem a racionális elme
it was not the learned wisdom, nor the learned ability
ez nem a tanult bölcsesség és nem a tanult képesség volt
from these things no conclusions could be drawn
ezekből nem lehetett következtetéseket levonni
No, the world of thought was also still on this side
Nem, a gondolatvilág még mindig ezen az oldalon volt
Both, the thoughts as well as the senses, were pretty things
Mind a gondolatok, mind az érzékek szép dolgok voltak
but the ultimate meaning was hidden behind both of them
de a végső jelentés mindkettőjük mögött rejtőzött
both had to be listened to and played with
mindkettőt hallgatni és játszani kellett
neither had to be scorned nor overestimated
sem megvetni, sem túlbecsülni nem kellett
there were secret voices of the innermost truth
voltak a legbensőbb igazság titkos hangjai
these voices had to be attentively perceived
ezeket a hangokat figyelmesen kellett észlelni
He wanted to strive for nothing else
Semmi másra nem akart törekedni
he would do what the voice commanded him to do
megtenné, amit a hang parancsolt neki
he would dwell where the voices advised him to
ott fog lakni, ahol a hangok azt tanácsolták neki
Why had Gotama sat down under the Bodhi tree?
Miért ült le Gótama a Bodhi-fa alá?
He had heard a voice in his own heart

Hallott egy hangot a szívében
a voice which had commanded him to seek rest under this tree
egy hang, amely megparancsolta neki, hogy keressen nyugalmat e fa alatt
he could have gone on to make offerings
folytathatta volna a felajánlásokat
he could have performed his ablutions
elvégezhette volna a mosdását
he could have spent that moment in prayer
imával tölthette volna azt a pillanatot
he had chosen not to eat or drink
úgy döntött, hogy nem eszik és nem iszik
he had chosen not to sleep or dream
úgy döntött, hogy nem alszik és nem álmodik
instead, he had obeyed the voice
ehelyett engedelmeskedett a hangnak
To obey like this was good
Jó volt így engedelmeskedni
it was good not to obey to an external command
jó volt nem engedelmeskedni egy külső parancsnak
it was good to obey only the voice
jó volt csak a hangnak engedelmeskedni
to be ready like this was good and necessary
így készen állni jó és szükséges volt
there was nothing else that was necessary
semmi más nem kellett

in the night Siddhartha got to a river
az éjszakában Sziddhárta egy folyóhoz ért
he slept in the straw hut of a ferryman
egy révész szalmakunyhójában aludt
this night Siddhartha had a dream
ezen az éjszakán Sziddhártának álma volt
Govinda was standing in front of him
Govinda állt előtte

he was dressed in the yellow robe of an ascetic
aszkéta sárga köntösébe öltözött
Sad was how Govinda looked
Govinda szomorú volt
sadly he asked, "Why have you forsaken me?"
szomorúan kérdezte: "Miért hagytál el engem?"
Siddhartha embraced Govinda, and wrapped his arms around him
Sziddhárta átölelte Govindát, és átölelte a karját
he pulled him close to his chest and kissed him
szorosan a mellkasához húzta és megcsókolta
but it was not Govinda anymore, but a woman
de az már nem Govinda volt, hanem egy nő
a full breast popped out of the woman's dress
a nő ruhájából telt mell pattant ki
Siddhartha lay and drank from the breast
Sziddhárta feküdt és ivott a mellből
sweetly and strongly tasted the milk from this breast
édesen és erősen megízlelte a tejet ebből a mellből
It tasted of woman and man
Nő és férfi íze volt
it tasted of sun and forest
nap és erdő íze volt
it tasted of animal and flower
állat és virág íze volt
it tasted of every fruit and every joyful desire
ízlett minden gyümölcsnek és minden örömteli vágynak
It intoxicated him and rendered him unconscious
Ettől megrészegült, és eszméletlenné vált
Siddhartha woke up from the dream
Sziddhárta felébredt az álomból
the pale river shimmered through the door of the hut
a sápadt folyó becsillant a kunyhó ajtaján
a dark call of an owl resounded deeply through the forest
egy bagoly sötét kiáltása mélyen visszhangzott az erdőn
Siddhartha asked the ferryman to get him across the river

Sziddhárta megkérte a révészt, hogy vigye át a folyón
The ferryman got him across the river on his bamboo-raft
A révész átvitte a folyón bambusztutajján
the water shimmered reddish in the light of the morning
a víz vörösesen csillogott a reggeli fényben
"This is a beautiful river," he said to his companion
– Ez egy gyönyörű folyó – mondta társának
"Yes," said the ferryman, "a very beautiful river"
- Igen - mondta a révész -, egy nagyon szép folyó.
"I love it more than anything"
"Mindennél jobban szeretem"
"Often I have listened to it"
"Gyakran hallgattam"
"often I have looked into its eyes"
"gyakran a szemébe néztem"
"and I have always learned from it"
"És mindig tanultam belőle"
"Much can be learned from a river"
"Sokat lehet tanulni egy folyóból"
"I thank you, my benefactor" spoke Siddhartha
„Köszönöm, jótevőm" – mondta Sziddhárta
he disembarked on the other side of the river
kiszállt a folyó túlsó partján
"I have no gift I could give you for your hospitality, my dear"
"Nincs ajándékom, amit adhatnék a vendégszeretetedért, kedvesem"
"and I also have no payment for your work"
"és nem kapok fizetést a munkádért"
"I am a man without a home"
"Ember vagyok otthon nélkül"
"I am the son of a Brahman and a Samana"
"Egy Brahman és egy Samana fia vagyok"
"I did see it," spoke the ferryman
– Láttam – mondta a révész
"I did not expect any payment from you"

"Nem vártam tőled semmilyen fizetést"
"it is custom for guests to bear a gift"
"Szokás, hogy a vendégek ajándékot visznek"
"but I did not expect this from you either"
"de ezt nem is vártam tőled"
"You will give me the gift another time"
"Máskor megadod az ajándékot"
"Do you think so?" asked Siddhartha, bemusedly
– Szerinted? – kérdezte zavartan Sziddhárta
"I am sure of it," replied the ferryman
– Biztos vagyok benne – válaszolta a révész
"This too, I have learned from the river"
"Ezt is a folyótól tanultam"
"everything that goes comes back!"
"Minden, ami elmegy, visszajön!"
"You too, Samana, will come back"
"Te is visszajössz, Samana"
"Now farewell! Let your friendship be my reward"
"Most viszont búcsút! Legyen jutalmam a barátságod"
"Commemorate me, when you make offerings to the gods"
„Emlékezzen rám, amikor felajánlja az isteneknek"
Smiling, they parted from each other
Mosolyogva váltak el egymástól
Smiling, Siddhartha was happy about the friendship
Sziddhárta mosolyogva örült a barátságnak
and he was happy about the kindness of the ferryman
és örült a révész jóindulatának
"He is like Govinda," he thought with a smile
„Olyan, mint Govinda" – gondolta mosolyogva
"all I meet on my path are like Govinda"
"Minden, amivel az utamon találkozom, olyan, mint Govinda"
"All are thankful for what they have"
"Mindenki hálás azért, amije van"
"but they are the ones who would have a right to receive thanks"
"de ők azok, akiknek joguk lenne köszönetet kapni"

"all are submissive and would like to be friends"
"mindegyik alázatos és szeretne barátok lenni"
"all like to obey and think little"
"mindenki szeret engedelmeskedni és keveset gondolkodni"
"all people are like children"
"minden ember olyan, mint a gyerek"

At about noon, he came through a village
Dél körül átjött egy falun
In front of the mud cottages, children were rolling about in the street
A vályogházak előtt gyerekek gurultak az utcán
they were playing with pumpkin-seeds and sea-shells
tökmaggal és tengeri kagylóval játszottak
they screamed and wrestled with each other
sikoltoztak és birkóztak egymással
but they all timidly fled from the unknown Samana
de mindannyian félénken menekültek az ismeretlen Samana elől
In the end of the village, the path led through a stream
A falu végén egy patakon keresztül vezetett az ösvény
by the side of the stream, a young woman was kneeling
a patak mellett egy fiatal nő térdelt
she was washing clothes in the stream
a patakban mosott ruhát
When Siddhartha greeted her, she lifted her head
Amikor Sziddhárta üdvözölte, felemelte a fejét
and she looked up to him with a smile
és mosolyogva nézett fel rá
he could see the white in her eyes glistening
látta, hogy a szeme fehérje csillog
He called out a blessing to her
Áldást kiált rá
this was the custom among travellers
ez volt a szokás az utazók körében
and he asked how far it was to the large city

és megkérdezte, milyen messze van a nagyvárostól
Then she got up and came to him
Aztán felkelt, és odament hozzá
beautifully her wet mouth was shimmering in her young face
nedves szája gyönyörűen csillámlott fiatal arcán
She exchanged humorous banter with him
Humoros tréfát váltott vele
she asked whether he had eaten already
megkérdezte, evett-e már
and she asked curious questions
és kíváncsi kérdéseket tett fel
"is it true that the Samanas slept alone in the forest at night?"
– Igaz, hogy a Samanas egyedül aludt az erdőben éjszaka?
"is it true Samanas are not allowed to have women with them"
"Igaz-e, hogy Samanának nem szabad nőket tartania velük?"
While talking, she put her left foot on his right one
Beszélgetés közben a bal lábát a jobb lábára tette
the movement of a woman who would want to initiate sexual pleasure
egy nő mozgása, aki szexuális élvezetet szeretne előidézni
the textbooks call this "climbing a tree"
a tankönyvek ezt "fára mászásnak" nevezik
Siddhartha felt his blood heating up
Sziddhárta érezte, hogy felforrósodik a vére
he had to think of his dream again
újra az álmára kellett gondolnia
he bend slightly down to the woman
kissé lehajol a nő felé
and he kissed with his lips the brown nipple of her breast
és ajkával megcsókolta mellének barna mellbimbóját
Looking up, he saw her face smiling
Felnézett, és látta, hogy az arc mosolyog
and her eyes were full of lust
és a szeme tele volt vággyal

Siddhartha also felt desire for her
Sziddhárta vágyat is érzett iránta
he felt the source of his sexuality moving
érezte, hogy szexualitásának forrása megmozdul
but he had never touched a woman before
de még soha nem érintett meg nőt
so he hesitated for a moment
ezért egy pillanatig habozott
his hands were already prepared to reach out for her
a kezei már készen voltak arra, hogy kinyújtsa a kezét
but then he heard the voice of his innermost self
de aztán meghallotta legbensőbb énjének hangját
he shuddered with awe at his voice
megborzongott a hangjára az áhítattól
and this voice told him no
és ez a hang nemet mondott neki
all charms disappeared from the young woman's smiling face
minden varázsa eltűnt a fiatal nő mosolygós arcáról
he no longer saw anything else but a damp glance
már nem látott mást, csak egy nyirkos pillantást
all he could see was female animal in heat
csak nőstény állatot látott hőségben
Politely, he petted her cheek
Udvariasan megsimogatta az arcát
he turned away from her and disappeared away
elfordult tőle és eltűnt
he left from the disappointed woman with light steps
könnyed léptekkel távozott a csalódott nőtől
and he disappeared into the bamboo-wood
és eltűnt a bambuszfában

he reached the large city before the evening
még este előtt elérte a nagyvárost
and he was happy to have reached the city
és boldog volt, hogy elérte a várost

because he felt the need to be among people
mert szükségét érezte, hogy emberek között legyen
or a long time, he had lived in the forests
vagy hosszú ideig az erdőben élt
for first time in a long time he slept under a roof
hosszú idő óta először aludt tető alatt
Before the city was a beautifully fenced garden
A város előtt egy gyönyörűen bekerített kert volt
the traveller came across a small group of servants
az utazó szolgák kis csoportjára bukkant
the servants were carrying baskets of fruit
a szolgák gyümölcskosarakat cipeltek
four servants were carrying an ornamental sedan-chair
négy szolga díszszedán-széket cipelt
on this chair sat a woman, the mistress
ezen a széken egy nő ült, az úrnő
she was on red pillows under a colourful canopy
piros párnákon volt egy színes baldachin alatt
Siddhartha stopped at the entrance to the pleasure-garden
Sziddhárta megállt az örömkert bejáratánál
and he watched the parade go by
és nézte a felvonulást
he saw saw the servants and the maids
látta látta a szolgákat és a szolgálólányokat
he saw the baskets and the sedan-chair
látta a kosarakat és a szedánszéket
and he saw the lady on the chair
és meglátta a hölgyet a széken
Under her black hair he saw a very delicate face
Fekete haja alatt nagyon finom arcot látott
a bright red mouth, like a freshly cracked fig
élénkpiros száj, akár egy frissen repedt füge
eyebrows which were well tended and painted in a high arch
jól ápolt és magas ívben festett szemöldökök
they were smart and watchful dark eyes

okos és figyelmes sötét szemek voltak
a clear, tall neck rose from a green and golden garment
zöld és arany ruhából tiszta, magas nyak emelkedett ki
her hands were resting, long and thin
kezei pihentek, hosszúak és vékonyak
she had wide golden bracelets over her wrists
széles arany karkötő volt a csuklóján
Siddhartha saw how beautiful she was, and his heart rejoiced
Sziddhárta látta, milyen gyönyörű, és a szíve örvendezett
He bowed deeply, when the sedan-chair came closer
Mélyen meghajolt, amikor a szedánszék közelebb jött
straightening up again, he looked at the fair, charming face
ismét felegyenesedve a szép, bájos arcra nézett
he read her smart eyes with the high arcs
kiolvasta a magas ívű okos szeméből
he breathed in a fragrance of something he did not know
belélegzett valami illatát, amit nem ismert
With a smile, the beautiful woman nodded for a moment
A gyönyörű nő mosolyogva bólintott egy pillanatra
then she disappeared into the garden
aztán eltűnt a kertben
and then the servants disappeared as well
majd a szolgák is eltűntek
"I am entering this city with a charming omen" Siddhartha thought
„Elbűvölő előjellel lépek be ebbe a városba" – gondolta Sziddhárta
He instantly felt drawn into the garden
Azonnal érezte, hogy a kertbe vonzza
but he thought about his situation
de elgondolkodott a helyzetén
he became aware of how the servants and maids had looked at him
arra lett figyelmes, hogyan néztek rá a szolgák és a szolgálólányok

they thought him despicable, distrustful, and rejected him
aljasnak, bizalmatlannak tartották, és elutasították
"I am still a Samana" he thought
„Még mindig Samana vagyok" – gondolta
"I am still an ascetic and beggar"
"Még mindig aszkéta és koldus vagyok"
"I must not remain like this"
"Nem szabad így maradnom"
"I will not be able to enter the garden like this," he laughed
– Nem fogok tudni így bemenni a kertbe – nevetett
he asked the next person who came along the path about the garden
– kérdezte a kertről a következő személyt, aki az ösvényen jött
and he asked for the name of the woman
és megkérdezte a nő nevét
he was told that this was the garden of Kamala, the famous courtesan
azt mondták neki, hogy ez Kamala, a híres udvarhölgy kertje
and he was told that she also owned a house in the city
és azt mondták neki, hogy neki is van egy háza a városban
Then, he entered the city with a goal
Aztán góllal lépett be a városba
Pursuing his goal, he allowed the city to suck him in
Célját követve megengedte, hogy a város magába szívja
he drifted through the flow of the streets
sodródott az utcák sodrásában
he stood still on the squares in the city
mozdulatlanul állt a város terein
he rested on the stairs of stone by the river
a folyó melletti kőlépcsőn pihent
When the evening came, he made friends with a barber's assistant
Amikor eljött az este, összebarátkozott egy fodrászsegéddel
he had seen him working in the shade of an arch
látta őt egy boltív árnyékában dolgozni
and he found him again praying in a temple of Vishnu

és ismét Visnu templomában találta imádkozni
he told about stories of Vishnu and the Lakshmi
mesélt Visnu és a Laksmi történeteiről
Among the boats by the river, he slept this night
A folyóparti csónakok között aludt ezen az éjszakán
Siddhartha came to him before the first customers came into his shop
Siddhartha azelőtt jött hozzá, hogy az első vásárlók bejöttek volna a boltjába
he had the barber's assistant shave his beard and cut his hair
megkérte a borbély asszisztensét, hogy borotválja le a szakállát és vágassa le a haját
he combed his hair and anointed it with fine oil
megfésülte a haját és bekente finom olajjal
Then he went to take his bath in the river
Aztán elment fürödni a folyóba

late in the afternoon, beautiful Kamala approached her garden
késő délután gyönyörű Kamala közeledett a kertjéhez
Siddhartha was standing at the entrance again
Sziddhárta ismét a bejáratnál állt
he made a bow and received the courtesan's greeting
meghajolt és fogadta az udvarhölgy üdvözletét
he got the attention of one of the servant
felkeltette az egyik szolga figyelmét
he asked him to inform his mistress
megkérte, hogy tájékoztassa úrnőjét
"a young Brahman wishes to talk to her"
"egy fiatal Brahman beszélni akar vele"
After a while, the servant returned
Kis idő múlva a szolga visszatért
the servant asked Siddhartha to follow him
a szolga megkérte Sziddhártát, hogy kövesse őt
Siddhartha followed the servant into a pavilion
Sziddhárta követte a szolgálót egy pavilonba

here Kamala was lying on a couch
itt feküdt Kamala egy kanapén
and the servant left him alone with her
és a szolga magára hagyta őt vele
"Weren't you also standing out there yesterday, greeting me?" asked Kamala
– Te is nem álltál odakint tegnap, és köszöntöttél? – kérdezte Kamala
"It's true that I've already seen and greeted you yesterday"
"Igaz, hogy tegnap már láttalak és köszöntelek"
"But didn't you yesterday wear a beard, and long hair?"
– De nem viseltél tegnap szakállt és hosszú hajat?
"and was there not dust in your hair?"
– és nem volt por a hajadban?
"You have observed well, you have seen everything"
"Jól megfigyeltél, mindent láttál"
"You have seen Siddhartha, the son of a Brahman"
"Láttad Sziddhártát, egy brahman fiát"
"the Brahman who has left his home to become a Samana"
"a Brahman, aki elhagyta otthonát, hogy Samana legyen"
"the Brahman who has been a Samana for three years"
"a Brahman, aki három éve Samana"
"But now, I have left that path and came into this city"
"De most elhagytam ezt az utat és ebbe a városba jöttem"
"and the first one I met, even before I had entered the city, was you"
"És az első, akivel találkoztam, még mielőtt beléptem volna a városba, te voltál"
"To say this, I have come to you, oh Kamala!"
– Hogy ezt mondjam, hozzád jöttem, ó, Kamala!
"before, Siddhartha addressed all woman with his eyes to the ground"
"korábban Sziddhárta minden nőt megszólított a földre szegezett szemekkel"
"You are the first woman whom I address otherwise"
"Te vagy az első nő, akit másképp szólítok meg"

"Never again do I want to turn my eyes to the ground"
"Soha többé nem akarom a földre fordítani a tekintetem"
"I won't turn when I'm coming across a beautiful woman"
"Nem fordulok meg, ha egy gyönyörű nővel találkozom"
Kamala smiled and played with her fan of peacocks' feathers
Kamala mosolyogva játszott a pávatollas rajongójával
"And only to tell me this, Siddhartha has come to me?"
– És csak azért, hogy ezt elmondja nekem, Sziddhárta eljött hozzám?
"To tell you this and to thank you for being so beautiful"
"Ezt elmondani neked, és megköszönni, hogy ilyen szép vagy"
"I would like to ask you to be my friend and teacher"
"Szeretnélek megkérni, hogy legyél a barátom és a tanárom"
"for I know nothing yet of that art which you have mastered"
"Mert még semmit sem tudok arról a művészetről, amelyet elsajátítottál"
At this, Kamala laughed aloud
Erre Kamala hangosan felnevetett
"Never before this has happened to me, my friend"
"Ilyen még soha nem történt velem, barátom"
"a Samana from the forest came to me and wanted to learn from me!"
"Eljött hozzám egy Samana az erdőből, és tanulni akart tőlem!"
"Never before this has happened to me"
"Ez még soha nem történt velem"
"a Samana came to me with long hair and an old, torn loincloth!"
"Egy Samana jött hozzám hosszú hajjal és egy régi, szakadt ágyékkötővel!"
"Many young men come to me"
"Sok fiatal férfi jön hozzám"
"and there are also sons of Brahmans among them"
"és Brahman fiai is vannak köztük"
"but they come in beautiful clothes"
"de szép ruhákban jönnek"

"they come in fine shoes"
"jó cipőben jönnek"
"they have perfume in their hair
"Parfüm van a hajukban
"and they have money in their pouches"
"és van pénz a táskájukban"
"This is how the young men are like, who come to me"
"Ilyenek a fiatal férfiak, akik hozzám jönnek"
Spoke Siddhartha, "Already I am starting to learn from you"
Sziddhárta beszélt: "Már kezdek tanulni tőled"
"Even yesterday, I was already learning"
"Még tegnap is tanultam"
"I have already taken off my beard"
"Már levettem a szakállam"
"I have combed the hair"
"Megfésültem a hajam"
"and I have oil in my hair"
"és olaj van a hajamban"
"There is little which is still missing in me"
"Kevés hiányzik még belőlem"
"oh excellent one, fine clothes, fine shoes, money in my pouch"
"Ó, kiváló, szép ruhák, szép cipők, pénz a táskámban"
"You shall know Siddhartha has set harder goals for himself"
"Tudod, hogy Sziddhárta nehezebb célokat tűzött ki maga elé"
"and he has reached these goals"
"és elérte ezeket a célokat"
"How shouldn't I reach that goal?"
– Hogy ne érjem el ezt a célt?
"the goal which I have set for myself yesterday"
"a cél, amit tegnap kitűztem magam elé"
"to be your friend and to learn the joys of love from you"
"hogy a barátod legyek, és megtanuljam tőled a szerelem örömeit"
"You'll see that I'll learn quickly, Kamala"

– Meglátod, gyorsan megtanulok, Kamala.
"I have already learned harder things than what you're supposed to teach me"
"Már nehezebb dolgokat tanultam, mint amit meg kellene tanítanod"
"And now let's get to it"
"És most térjünk rá"
"You aren't satisfied with Siddhartha as he is?"
– Nem vagy megelégedve Sziddhárthával, ahogy ő?
"with oil in his hair, but without clothes"
"olajjal a hajában, de ruha nélkül"
"Siddhartha without shoes, without money"
"Sziddhárta cipő nélkül, pénz nélkül"
Laughing, Kamala exclaimed, "No, my dear"
Kamala nevetve felkiáltott: "Nem, kedvesem"
"he doesn't satisfy me, yet"
"még nem elégít ki"
"Clothes are what he must have"
"A ruha az, aminek lennie kell"
"pretty clothes, and shoes is what he needs"
"Szép ruhák, és cipő az, amire szüksége van"
"pretty shoes, and lots of money in his pouch"
"szép cipő, és sok pénz a tasakban"
"and he must have gifts for Kamala"
"és biztos van ajándéka Kamalának"
"Do you know it now, Samana from the forest?"
– Most már tudod, Samana az erdőből?
"Did you mark my words?"
– Megjelölted a szavaimat?
"Yes, I have marked your words," Siddhartha exclaimed
– Igen, megjelöltem a szavait – kiáltott fel Sziddhárta
"How should I not mark words which are coming from such a mouth!"
"Hogy ne jelöljem meg a szavakat, amelyek ilyen szájból jönnek!"
"Your mouth is like a freshly cracked fig, Kamala"

"A szád olyan, mint egy frissen tört füge, Kamala"
"My mouth is red and fresh as well"
"A szám vörös és friss is"
"it will be a suitable match for yours, you'll see"
"A tiédnek megfelelő lesz, meglátod"
"But tell me, beautiful Kamala"
– De mondd, szép Kamala!
"aren't you at all afraid of the Samana from the forest""
"egyáltalán nem félsz a Samanától az erdőből?"
"the Samana who has come to learn how to make love"
"A Samana, aki azért jött, hogy megtanuljon szeretkezni"
"Whatever for should I be afraid of a Samana?"
"Miért féljek egy Samanától?"
"a stupid Samana from the forest"
"Egy hülye Samana az erdőből"
"a Samana who is coming from the jackals"
"Egy Samana, aki a sakáloktól jön"
"a Samana who doesn't even know yet what women are?"
– Egy Samana, aki még azt sem tudja, mik a nők?
"Oh, he's strong, the Samana"
"Ó, ő erős, a Samana"
"and he isn't afraid of anything"
"és nem fél semmitől"
"He could force you, beautiful girl"
– Kényszeríthet, gyönyörű lány.
"He could kidnap you and hurt you"
"Elrabolhat és bánthat"
"No, Samana, I am not afraid of this"
"Nem, Samana, nem félek ettől"
"Did any Samana or Brahman ever fear someone might come and grab him?"
"Bármelyik Samana vagy Brahman attól tartott, hogy valaki odajön és megragadja?"
"could he fear someone steals his learning?
„Attól tarthat, hogy valaki ellopja a tanulságait?"
"could anyone take his religious devotion"

"Bárki vállalhatná a vallásos odaadását"
"is it possible to take his depth of thought?
"Elfogadható a gondolatai mélysége?
"No, because these things are his very own"
"Nem, mert ezek a dolgok az ő sajátjai"
"he would only give away the knowledge he is willing to give"
"csak azt a tudást adná oda, amit hajlandó adni"
"he would only give to those he is willing to give to"
"csak azoknak adna, akiknek hajlandó adni"
"precisely like this it is also with Kamala"
"pontosan így van ez Kamalával is"
"and it is the same way with the pleasures of love"
"és ez így van a szerelem örömeivel is"
"Beautiful and red is Kamala's mouth," answered Siddhartha
– Szép és vörös Kamala szája – válaszolta Sziddhárta
"but don't try to kiss it against Kamala's will"
"de ne próbáld Kamala akarata ellenére megcsókolni"
"because you will not obtain a single drop of sweetness from it"
"mert egy csepp édességet sem kapsz tőle"
"You are learning easily, Siddhartha"
"Könnyen tanulsz, Sziddhárta"
"you should also learn this"
"ezt is meg kellene tanulnod"
"love can be obtained by begging, buying"
"A szerelmet koldulással, vásárlással lehet megszerezni"
"you can receive it as a gift"
"ajándékba kaphatod"
"or you can find it in the street"
"Vagy megtalálod az utcán"
"but love cannot be stolen"
"de a szerelmet nem lehet ellopni"
"In this, you have come up with the wrong path"
"Ebben rossz útra jöttél"

"it would be a pity if you would want to tackle love in such a wrong manner"
"Kár lenne, ha ilyen rossz módon akarnád kezelni a szerelmet"
Siddhartha bowed with a smile
Sziddhárta mosolyogva meghajolt
"It would be a pity, Kamala, you are so right"
"Kár lenne, Kamala, annyira igazad van"
"It would be such a great pity"
"Nagyon kár lenne"
"No, I shall not lose a single drop of sweetness from your mouth"
"Nem, egy csepp édességet sem veszítek el a szádból"
"nor shall you lose sweetness from my mouth"
"És édességet sem veszítesz el a számból"
"So it is agreed. Siddhartha will return"
"Szóval megegyeztek. Siddhartha visszatér"
"Siddhartha will return once he has what he still lacks"
"Sziddhárta visszatér, ha megvan, ami még hiányzik"
"he will come back with clothes, shoes, and money"
"Ruhával, cipővel és pénzzel tér vissza"
"But speak, lovely Kamala, couldn't you still give me one small advice?"
– De beszélj, kedves Kamala, nem tudna még egy kis tanácsot adni?
"Give you an advice? Why not?"
"Adok tanácsot? Miért ne?"
"Who wouldn't like to give advice to a poor, ignorant Samana?"
– Ki ne szeretne tanácsot adni egy szegény, tudatlan Samanának?
"Dear Kamala, where I should go to find these three things most quickly?"
– Kedves Kamala, hova menjek, hogy leggyorsabban megtaláljam ezt a három dolgot?
"Friend, many would like to know this"
"Barátom, ezt sokan szeretnék tudni"

"You must do what you've learned and ask for money"
"Amit tanultál, azt kell tenned, és pénzt kell kérned."
"There is no other way for a poor man to obtain money"
"Nincs más módja annak, hogy szegény ember pénzt szerezzen"
"What might you be able to do?"
– Mit tehetsz?
"I can think. I can wait. I can fast" said Siddhartha
"Tudok gondolkodni. Tudok várni. Tudok böjtölni" - mondta Sziddhárta
"Nothing else?" asked Kamala
– Semmi mást? – kérdezte Kamala
"yes, I can also write poetry"
"igen, én is tudok verset írni"
"Would you like to give me a kiss for a poem?"
– Adnál egy puszit egy versért?
"I would like to, if I like your poem"
"Szeretném, ha tetszik a versed"
"What would be its title?"
– Mi lenne a címe?
Siddhartha spoke, after he had thought about it for a moment
Sziddhárta megszólalt, miután egy pillanatra elgondolkodott
"Into her shady garden stepped the pretty Kamala"
"Az árnyas kertjébe belépett a szép Kamala"
"At the garden's entrance stood the brown Samana"
"A kert bejáratánál a barna Samana állt"
"Deeply, seeing the lotus's blossom, Bowed that man"
"Mélyen, látva a lótusz virágát, meghajoltam azt az embert"
"and smiling, Kamala thanked him"
"és mosolyogva Kamala megköszönte"
"More lovely, thought the young man, than offerings for gods"
"Szebb, gondolta a fiatalember, mint az istenekért való áldozatok"

Kamala clapped her hands so loud that the golden bracelets clanged
Kamala olyan hangosan csapta össze a kezét, hogy az arany karkötők megcsörrentek
"Beautiful are your verses, oh brown Samana"
"Gyönyörűek a verseid, ó, barna Samana"
"and truly, I'm losing nothing when I'm giving you a kiss for them"
"És valóban, semmit sem veszítek, ha csókot adok értük"
She beckoned him with her eyes
A lány intett neki a szemével
he tilted his head so that his face touched hers
úgy döntötte meg a fejét, hogy az arca az övéhez ért
and he placed his mouth on her mouth
és a száját a szájára tette
the mouth which was like a freshly cracked fig
a száj, amely olyan volt, mint egy frissen repedt füge
For a long time, Kamala kissed him
Kamala sokáig csókolta
and with a deep astonishment Siddhartha felt how she taught him
és Sziddhárta mély döbbenettel érezte, hogyan tanította őt
he felt how wise she was
érezte, milyen bölcs
he felt how she controlled him
érezte, hogyan irányítja őt
he felt how she rejected him
érezte, hogyan utasította el őt
he felt how she lured him
érezte, hogyan csalogatja
and he felt how there were to be more kisses
és érezte, hogyan kell még több csók
every kiss was different from the others
minden csók más volt, mint a többi
he was still, when he received the kisses
mozdulatlan volt, amikor megkapta a csókokat

Breathing deeply, he remained standing where he was
Mélyeket lélegzett, és ott maradt, ahol volt
he was astonished like a child about the things worth learning
gyermekként csodálkozott azokon a dolgokon, amelyeket érdemes megtanulni
the knowledge revealed itself before his eyes
a tudás feltárult a szeme előtt
"Very beautiful are your verses" exclaimed Kamala
„Nagyon szépek a verseid" – kiáltott fel Kamala
"if I were rich, I would give you pieces of gold for them"
"Ha gazdag lennék, aranyat adnék érte."
"But it will be difficult for you to earn enough money with verses"
"De nehéz lesz elég pénzt keresned a versekkel"
"because you need a lot of money, if you want to be Kamala's friend"
"mert sok pénzre van szüksége, ha Kamala barátja akar lenni"
"The way you're able to kiss, Kamala!" stammered Siddhartha
– Ahogyan tudsz csókolni, Kamala! dadogta Sziddhárta
"Yes, this I am able to do"
"Igen, erre képes vagyok"
"therefore I do not lack clothes, shoes, bracelets"
"ezért nincs hiányom ruhámban, cipőben, karkötőben"
"I have all the beautiful things"
"Nekem minden szép dolog megvan"
"But what will become of you?"
– De mi lesz veled?
"Aren't you able to do anything else?"
– Nem tudsz mást csinálni?
"can you do more than think, fast, and make poetry?"
"tudsz többet tenni, mint gondolkodni, böjtölni és verselni?"
"I also know the sacrificial songs" said Siddhartha
– Ismerem az áldozati énekeket is – mondta Sziddhárta
"but I do not want to sing those songs anymore"

"de nem akarom többé énekelni azokat a dalokat"
"I also know how to make magic spells"
"Tudok varázsigéket is csinálni"
"but I do not want to speak them anymore"
"de nem akarok többet beszélni velük"
"I have read the scriptures"
"Olvastam a szentírásokat"
"Stop!" Kamala interrupted him
"Stop!" – szakította félbe Kamala
"You're able to read and write?"
– Tudsz írni és olvasni?
"Certainly, I can do this, many people can"
"Bizony, én meg tudom csinálni, sokan megtehetik"
"Most people can't," Kamala replied
– A legtöbb ember nem tudja – válaszolta Kamala
"I am also one of those who can't do it"
"Én is azok közé tartozom, akik nem tehetik meg"
"It is very good that you're able to read and write"
"Nagyon jó, hogy tudsz írni és olvasni"
"you will also find use for the magic spells"
"A varázslatoknak is hasznát fogod találni"
In this moment, a maid came running in
Ebben a pillanatban egy szobalány lépett be
she whispered a message into her mistress's ear
üzenetet súgott úrnője fülébe
"There's a visitor for me" exclaimed Kamala
"Van egy látogatóm" - kiáltott fel Kamala
"Hurry and get yourself away, Siddhartha"
– Siess, és menj el, Sziddhárta!
"nobody may see you in here, remember this!"
"Senki sem láthat itt bent, emlékezz erre!"
"Tomorrow, I'll see you again"
"Holnap újra találkozunk"
Kamala ordered her maid to give Siddhartha white garments
Kamala megparancsolta szobalányának, hogy adjon
Sziddhártának fehér ruhákat

and then Siddhartha found himself being dragged away by the maid
és akkor Sziddhárta azon kapta magát, hogy a szobalány elhurcolja
he was brought into a garden-house out of sight of any paths
kertes házba vitték, hogy ne lássanak minden ösvényt
then he was led into the bushes of the garden
majd bevezették a kert bokrai közé
he was urged to get himself out of the garden as soon as possible
sürgették, hogy minél előbb húzza ki magát a kertből
and he was told he must not be seen
és azt mondták neki, hogy nem szabad látni
he did as he had been told
úgy tett, ahogy mondták neki
he was accustomed to the forest
hozzászokott az erdőhöz
so he managed to get out without making a sound
így sikerült hang nélkül kijutnia

he returned to the city carrying the rolled up garments under his arm
a feltekert ruhákat a hóna alatt cipelve tért vissza a városba
At the inn, where travellers stay, he positioned himself by the door
A fogadóban, ahol az utazók megszállnak, az ajtó mellett helyezkedett el
without words he asked for food
szó nélkül enni kért
without a word he accepted a piece of rice-cake
szó nélkül elfogadott egy szelet rizstortát
he thought about how he had always begged
arra gondolt, hogyan könyörgött mindig
"Perhaps as soon as tomorrow I will ask no one for food anymore"
"Talán amint holnap már nem kérek senkitől enni"

Suddenly, pride flared up in him
Hirtelen fellángolt benne a büszkeség
He was no Samana any more
Nem volt többé Samana
it was no longer appropriate for him to beg for food
már nem illett ennivalóért koldulnia
he gave the rice-cake to a dog
egy kutyának adta a rizstortát
and that night he remained without food
és azon az éjszakán ennivaló nélkül maradt
Siddhartha thought to himself about the city
Sziddhárta a városra gondolt
"Simple is the life which people lead in this world"
"Egyszerű az élet, amit az emberek élnek ezen a világon"
"this life presents no difficulties"
"ez az élet nem jelent nehézséget"
"Everything was difficult and toilsome when I was a Samana"
"Minden nehéz és fárasztó volt, amikor Samana voltam"
"as a Samana everything was hopeless"
"Szamanaként minden reménytelen volt"
"but now everything is easy"
"de most minden egyszerű"
"it is easy like the lesson in kissing from Kamala"
"Könnyű, mint a csókolózás Kamalától"
"I need clothes and money, nothing else"
"Ruha és pénz kell, semmi más"
"these goals are small and achievable"
"ezek a célok kicsik és elérhetőek"
"such goals won't make a person lose any sleep"
"Az ilyen céloktól az ember nem fog elaludni"

the next day he returned to Kamala's house
másnap visszatért Kamala házába
"Things are working out well" she called out to him
„Jól mennek a dolgok" – kiáltotta neki

"They are expecting you at Kamaswami's"
"Várnak téged Kamaswaminál"
"he is the richest merchant of the city"
"ő a város leggazdagabb kereskedője"
"If he likes you, he'll accept you into his service"
"Ha tetszel neki, akkor szolgálatába fogad."
"but you must be smart, brown Samana"
"de okosnak kell lenned, barna Samana"
"I had others tell him about you"
– Mások is meséltek neki rólad
"Be polite towards him, he is very powerful"
"Légy udvarias vele, nagyon erős."
"But I warn you, don't be too modest!"
– De figyelmeztetlek, ne légy túl szerény!
"I do not want you to become his servant"
"Nem akarom, hogy a szolgája legyél"
"you shall become his equal"
"egyenrangú leszel vele"
"or else I won't be satisfied with you"
"különben nem leszek elégedett veled"
"Kamaswami is starting to get old and lazy"
"Kamaswami kezd öregedni és lusta lenni"
"If he likes you, he'll entrust you with a lot"
"Ha tetszel neki, sok mindent rád bíz"
Siddhartha thanked her and laughed
Sziddhárta megköszönte és nevetett
she found out that he had not eaten
rájött, hogy nem evett
so she sent him bread and fruits
ezért kenyeret és gyümölcsöt küldött neki
"You've been lucky" she said when they parted
– Szerencséd volt – mondta, amikor elváltak
"I'm opening one door after another for you"
"Egyik ajtót a másik után nyitom ki neked"
"How come? Do you have a spell?"
"Hogy lehet? Van egy varázslatod?"

"I told you I knew how to think, to wait, and to fast"
"Mondtam, hogy tudok gondolkodni, várni és böjtölni."
"but you thought this was of no use"
"de azt gondoltad, hogy ennek semmi haszna"
"But it is useful for many things"
"De sok mindenre hasznos"
"Kamala, you'll see that the stupid Samanas are good at learning"
"Kamala, meglátod, hogy a hülye Samanák jól tanulnak"
"you'll see they are able to do many pretty things in the forest"
"Látni fogod, hogy sok szép dolgot tudnak csinálni az erdőben"
"things which the likes of you aren't capable of"
"olyan dolgok, amelyekre a hozzád hasonlók nem képesek"
"The day before yesterday, I was still a shaggy beggar"
"Tegnapelőtt még bozontos koldus voltam"
"as recently as yesterday I have kissed Kamala"
"Még tegnap megcsókoltam Kamalát"
"and soon I'll be a merchant and have money"
"és hamarosan kereskedő leszek, és lesz pénzem"
"and I'll have all those things you insist upon"
"és megkapom mindazokat a dolgokat, amelyekhez ragaszkodsz"
"Well yes," she admitted, "but where would you be without me?"
– Hát igen – ismerte el a lány –, de hol lennél nélkülem?
"What would you be, if Kamala wasn't helping you?"
– Mi lennél, ha Kamala nem segítene?
"Dear Kamala" said Siddhartha
– Kedves Kamala – mondta Sziddhárta
and he straightened up to his full height
és teljes magasságában felegyenesedett
"when I came to you into your garden, I did the first step"
"Amikor bejöttem hozzád a kertedbe, megtettem az első lépést"

"It was my resolution to learn love from this most beautiful woman"
"Az volt az elhatározásom, hogy szerelmet tanulok ettől a legszebb nőtől"
"that moment I had made this resolution"
"Abban a pillanatban, amikor meghoztam ezt az elhatározást"
"and I knew I would carry it out"
"és tudtam, hogy meg fogom csinálni"
"I knew that you would help me"
"Tudtam, hogy segíteni fogsz nekem"
"at your first glance at the entrance of the garden I already knew it"
"Első pillantásra a kert bejáratánál már tudtam"
"But what if I hadn't been willing?" asked Kamala
– De mi van, ha nem lettem volna hajlandó? – kérdezte Kamala
"You were willing" replied Siddhartha
– Hajlandó voltál – válaszolta Sziddhárta
"When you throw a rock into water, it takes the fastest course to the bottom"
"Amikor vízbe dobsz egy követ, az a leggyorsabb úton halad a fenékig."
"This is how it is when Siddhartha has a goal"
"Így van, amikor Sziddhártának van egy célja"
"Siddhartha does nothing; he waits, he thinks, he fasts"
"Sziddhárta nem csinál semmit; vár, gondolkodik, böjtöl."
"but he passes through the things of the world like a rock through water"
"De úgy megy át a világ dolgain, mint a szikla a vízen"
"he passed through the water without doing anything"
"átment a vízen anélkül, hogy bármit is csinált volna"
"he is drawn to the bottom of the water"
"Vonzza a víz feneke"
"he lets himself fall to the bottom of the water"
"leesik a víz fenekére"
"His goal attracts him towards it"

"Célja vonzza magához"
"he doesn't let anything enter his soul which might oppose the goal"
"nem enged semmit a lelkébe, ami ellentétes lenne a céllal"
"This is what Siddhartha has learned among the Samanas"
"Ez az, amit Sziddhárta megtanult a samanák között"
"This is what fools call magic"
"Ez az, amit a bolondok varázslatnak neveznek"
"they think it is done by daemons"
"Azt hiszik, hogy démonok csinálják"
"but nothing is done by daemons"
"de semmit sem csinálnak a démonok"
"there are no daemons in this world"
"Nincsenek démonok ezen a világon"
"Everyone can perform magic, should they choose to"
"Mindenki tud varázsolni, ha úgy dönt."
"everyone can reach his goals if he is able to think"
"Mindenki elérheti a céljait, ha képes gondolkodni"
"everyone can reach his goals if he is able to wait"
"mindenki elérheti a céljait, ha tud várni"
"everyone can reach his goals if he is able to fast"
"Mindenki elérheti a céljait, ha tud böjtölni"
Kamala listened to him; she loved his voice
Kamala hallgatott rá; szerette a hangját
she loved the look from his eyes
szerette a tekintetét
"Perhaps it is as you say, friend"
– Talán úgy van, ahogy mondod, barátom.
"But perhaps there is another explanation"
"De talán van más magyarázat is"
"Siddhartha is a handsome man"
"Sziddhárta jóképű férfi"
"his glance pleases the women"
"pillantása tetszik a nőknek"
"good fortune comes towards him because of this"
"ezért jár neki a szerencse"

With one kiss, Siddhartha bid his farewell
Sziddhárta egyetlen csókkal búcsúzott
"I wish that it should be this way, my teacher"
"Bárcsak így lenne, tanárom"
"I wish that my glance shall please you"
"Bárcsak tetszene a pillantásom"
"I wish that that you always bring me good fortune"
"Azt kívánom, hogy mindig hozzon nekem szerencsét"

With the Childlike People
A Gyermekszerű Emberekkel

Siddhartha went to Kamaswami the merchant
Siddhartha Kamaswamihoz, a kereskedőhöz ment
he was directed into a rich house
gazdag házba irányították
servants led him between precious carpets into a chamber
szolgák bevezették drága szőnyegek közé egy kamrába
in the chamber was where he awaited the master of the house
a kamrában várta a ház urát
Kamaswami entered swiftly into the room
Kamaswami gyorsan belépett a szobába
he was a smoothly moving man
simán mozgó ember volt
he had very gray hair and very intelligent, cautious eyes
nagyon ősz haja és nagyon intelligens, óvatos szeme volt
and he had a greedy mouth
és mohó szája volt
Politely, the host and the guest greeted one another
A házigazda és a vendég udvariasan üdvözölték egymást
"I have been told that you were a Brahman" the merchant began
– Azt mondták nekem, hogy brahman vagy – kezdte a kereskedő
"I have been told that you are a learned man"
– Azt mondták nekem, hogy tanult ember vagy.
"and I have also been told something else"
"és mást is mondtak nekem"
"you seek to be in the service of a merchant"
"egy kereskedő szolgálatába akarsz állni"
"Might you have become destitute, Brahman, so that you seek to serve?"
– Lehet, hogy nincstelenné váltál, Brahman, hogy szolgálni akarsz?

"No," said Siddhartha, "I have not become destitute"
– Nem – mondta Sziddhárta –, nem lettem nélkülözhetetlen.
"nor have I ever been destitute" added Siddhartha
"Én sem voltam soha nincstelen" - tette hozzá Sziddhárta
"You should know that I'm coming from the Samanas"
– Tudnod kell, hogy a Samanasból jövök.
"I have lived with them for a long time"
"Régóta velük élek"
"you are coming from the Samanas"
"Te a Samanasból jössz"
"how could you be anything but destitute?"
"Hogy lehetnél más, csak nincstelen?"
"Aren't the Samanas entirely without possessions?"
– A Samanák nem teljesen birtoktalanok?
"I am without possessions, if that is what you mean" said Siddhartha
– Nincs birtokom, ha erre gondolsz – mondta Sziddhárta
"But I am without possessions voluntarily"
"De önként vagyok birtok nélkül"
"and therefore I am not destitute"
"és ezért nem vagyok nélkülözhetetlen"
"But what are you planning to live from, being without possessions?"
– De miből akarsz megélni, ha nincs birtokod?
"I haven't thought of this yet, sir"
– Erre még nem gondoltam, uram.
"For more than three years, I have been without possessions"
"Több mint három éve vagyok vagyon nélkül"
"and I have never thought about of what I should live"
"És soha nem gondolkodtam azon, mit kellene élnem"
"So you've lived of the possessions of others"
"Tehát mások javaiból éltél"
"Presumable, this is how it is?"
– Feltételezhető, hogy ez így van?
"Well, merchants also live of what other people own"
"Nos, a kereskedők is abból élnek, amit mások birtokolnak"

"Well said," granted the merchant
– Jól mondta – felelte a kereskedő
"But he wouldn't take anything from another person for nothing"
"De semmiért nem venne el mástól semmit"
"he would give his merchandise in return" said Kamaswami
„cserébe odaadná az áruját" – mondta Kamaswami
"So it seems to be indeed"
– Szóval úgy tűnik, valóban
"Everyone takes, everyone gives, such is life"
"Mindenki vesz, mindenki ad, ilyen az élet"
"But if you don't mind me asking, I have a question"
"De ha nem bánod, hogy megkérdezem, lenne egy kérdésem"
"being without possessions, what would you like to give?"
"vagyon nélkül mit szeretnél adni?"
"Everyone gives what he has"
"Mindenki azt adja, amije van"
"The warrior gives strength"
"A harcos erőt ad"
"the merchant gives merchandise"
"a kereskedő árut ad"
"the teacher gives teachings"
"a tanár tanít"
"the farmer gives rice"
"a gazda rizst ad"
"the fisher gives fish"
"a halász halat ad"
"Yes indeed. And what is it that you've got to give?"
– Valóban igen. És mit kell adnod?
"What is it that you've learned?"
– Mi az, amit tanultál?
"what you're able to do?"
– mire vagy képes?
"I can think. I can wait. I can fast"
"Tudok gondolkodni, tudok várni. tudok böjtölni"
"That's everything?" asked Kamaswami

– Ez minden? – kérdezte Kamaswami
"I believe that is everything there is!"
– Azt hiszem, ez minden, ami létezik!
"And what's the use of that?"
– És mi haszna ebből?
"For example; fasting. What is it good for?"
"Például: böjt. Mire jó?"
"It is very good, sir"
– Nagyon jó, uram!
"there are times a person has nothing to eat"
"van, hogy az embernek nincs mit ennie"
"then fasting is the smartest thing he can do"
"akkor a böjt a legokosabb dolog, amit tehet"
"there was a time where Siddhartha hadn't learned to fast"
"Volt idő, amikor Sziddhárta nem tanult meg böjtölni"
"in this time he had to accept any kind of service"
"ebben az időben mindenféle szolgálatot el kellett fogadnia"
"because hunger would force him to accept the service"
"mert az éhség arra kényszerítené, hogy elfogadja a szolgálatot"
"But like this, Siddhartha can wait calmly"
"De így Sziddhárta nyugodtan várhat"
"he knows no impatience, he knows no emergency"
"nem ismer türelmetlenséget, nem ismer vészhelyzetet"
"for a long time he can allow hunger to besiege him"
"sokáig hagyhatja, hogy az éhség ostromolja"
"and he can laugh about the hunger"
"és tud nevetni az éhségen"
"This, sir, is what fasting is good for"
"Erre jó a böjt, uram"
"You're right, Samana" acknowledged Kamaswami
– Igazad van, Samana – ismerte el Kamaswami
"Wait for a moment" he asked of his guest
– Várj egy pillanatot – kérte a vendégétől
Kamaswami left the room and returned with a scroll
Kamaswami elhagyta a szobát, és egy tekercssel tért vissza

he handed Siddhartha the scroll and asked him to read it
átnyújtotta Sziddhárthának a tekercset, és megkérte, hogy olvassa el
Siddhartha looked at the scroll handed to him
Sziddhárta a neki nyújtott tekercsre nézett
on the scroll a sales-contract had been written
a tekercsre adásvételi szerződés volt írva
he began to read out the scroll's contents
elkezdte felolvasni a tekercs tartalmát
Kamaswami was very pleased with Siddhartha
Kamaswami nagyon elégedett volt Sziddhártával
"would you write something for me on this piece of paper?"
– írnál nekem valamit erre a papírra?
He handed him a piece of paper and a pen
Egy darab papírt és egy tollat nyújtott át neki
Siddhartha wrote, and returned the paper
Sziddhárta írt, és visszaadta a lapot
Kamaswami read, "Writing is good, thinking is better"
Kamaswami ezt olvasta: "Írni jó, gondolkodni jobb"
"Being smart is good, being patient is better"
"Okosnak lenni jó, türelmesnek lenni jobb."
"It is excellent how you're able to write" the merchant praised him
"Nagyszerű, ahogy tudsz írni" - dicsérte a kereskedő
"Many a thing we will still have to discuss with one another"
"Sok dolgot kell még megbeszélnünk egymással"
"For today, I'm asking you to be my guest"
"Ma arra kérlek, legyél a vendégem"
"please come to live in this house"
"Kérlek, gyere ebbe a házba lakni"
Siddhartha thanked Kamaswami and accepted his offer
Siddhartha megköszönte Kamaswaminak, és elfogadta az ajánlatát
he lived in the dealer's house from now on
ezentúl a kereskedő házában lakott
Clothes were brought to him, and shoes

Ruhát és cipőt hoztak neki
and every day, a servant prepared a bath for him
és minden nap egy szolga készített neki fürdőt

Twice a day, a plentiful meal was served
Naponta kétszer bőséges étkezést szolgáltak fel
but Siddhartha only ate once a day
de Sziddhárta csak egyszer evett naponta
and he ate neither meat, nor did he drink wine
és nem evett sem húst, sem bort nem ivott
Kamaswami told him about his trade
Kamaswami mesélt neki a mesterségéről
he showed him the merchandise and storage-rooms
megmutatta neki az árut és a raktárhelyiségeket
he showed him how the calculations were done
megmutatta neki, hogyan történik a számítás
Siddhartha got to know many new things
Siddhartha sok új dolgot ismert meg
he heard a lot and spoke little
sokat hallott és keveset beszélt
but he did not forget Kamala's words
de nem felejtette el Kamala szavait
so he was never subservient to the merchant
így soha nem volt alárendelve a kereskedőnek
he forced him to treat him as an equal
arra kényszerítette, hogy egyenlő félként kezelje
perhaps he forced him to treat him as even more than an equal
talán arra kényszerítette, hogy még egyenrangú félként kezelje
Kamaswami conducted his business with care
Kamaswami gondosan intézte dolgát
and he was very passionate about his business
és nagyon szenvedélyesen foglalkozott a vállalkozásával
but Siddhartha looked upon all of this as if it was a game
de Sziddhárta mindezt játéknak tekintette
he tried hard to learn the rules of the game precisely

nagyon igyekezett pontosan megtanulni a játékszabályokat
but the contents of the game did not touch his heart
de a játék tartalma nem érintette meg a szívét
He had not been in Kamaswami's house for long
Nem sokáig volt Kamaswami házában
but soon he took part in his landlord's business
de hamarosan részt vett gazdája üzletében

every day he visited beautiful Kamala
minden nap meglátogatta a gyönyörű Kamalát
Kamala had an hour appointed for their meetings
Kamalának egy órát jelöltek ki az üléseikre
she was wearing pretty clothes and fine shoes
csinos ruhákat és finom cipőket viselt
and soon he brought her gifts as well
és hamarosan ajándékokat is hozott neki
Much he learned from her red, smart mouth
Sokat tanult vörös, okos szájából
Much he learned from her tender, supple hand
Sokat tanult gyengéd, rugalmas kezétől
regarding love, Siddhartha was still a boy
ami a szerelmet illeti, Sziddhárta még fiú volt
and he had a tendency to plunge into love blindly
és hajlamos volt vakon belemerülni a szerelembe
he fell into lust like into a bottomless pit
úgy zuhant a vágyba, mint egy feneketlen gödörbe
she taught him thoroughly, starting with the basics
alaposan megtanította, az alapoktól kezdve
pleasure cannot be taken without giving pleasure
az örömöt nem lehet úgy elvenni, hogy ne ne adjunk örömet
every gesture, every caress, every touch, every look
minden gesztus, minden simogatás, minden érintés, minden pillantás
every spot of the body, however small it was, had its secret
a test minden foltjának, bármilyen kicsi is volt, megvolt a maga titka

the secrets would bring happiness to those who know them
a titkok boldogságot okoznának azoknak, akik ismerik őket
lovers must not part from one another after celebrating love
a szerelmesek nem válhatnak el egymástól a szerelem megünneplése után
they must not part without one admiring the other
nem válhatnak el anélkül, hogy egyik ne csodálná a másikat
they must be as defeated as they have been victorious
ugyanolyan legyőzöttek kell lenniük, mint amennyire győztek
neither lover should start feeling fed up or bored
egyik szeretőnek sem szabad fáradtnak vagy unatkoznia
they should not get the evil feeling of having been abusive
nem szabad elkapniuk azt a gonosz érzést, mintha bántalmazták volna
and they should not feel like they have been abused
és nem szabad úgy érezniük, hogy bántalmazták őket
Wonderful hours he spent with the beautiful and smart artist
Csodálatos órákat töltött a gyönyörű és okos művésznővel
he became her student, her lover, her friend
tanítványa, szeretője, barátja lett
Here with Kamala was the worth and purpose of his present life
Itt volt Kamalával jelenlegi életének értéke és célja
his purpose was not with the business of Kamaswami
célja nem Kamaswami üzlete volt

Siddhartha received important letters and contracts
Sziddhárta fontos leveleket és szerződéseket kapott
Kamaswami began discussing all important affairs with him
Kamaswami elkezdett vele minden fontos ügyet megbeszélni
He soon saw that Siddhartha knew little about rice and wool
Hamarosan látta, hogy Sziddhárta keveset tud a rizsről és a gyapjúról
but he saw that he acted in a fortunate manner
de látta, hogy szerencsésen viselkedett

and Siddhartha surpassed him in calmness and equanimity
és Sziddhárta nyugalmában és kiegyensúlyozottságában felülmúlta őt
he surpassed him in the art of understanding previously unknown people
felülmúlta őt a korábban ismeretlen emberek megértésének művészetében
Kamaswami spoke about Siddhartha to a friend
Kamaswami beszélt Sziddhártáról egy barátjának
"This Brahman is no proper merchant"
"Ez a Brahman nem megfelelő kereskedő"
"he will never be a merchant"
"soha nem lesz kereskedő"
"for business there is never any passion in his soul"
"Az üzlethez soha nincs szenvedély a lelkében"
"But he has a mysterious quality about him"
"De van benne valami titokzatos tulajdonság"
"this quality brings success about all by itself"
"ez a tulajdonság önmagában hozza meg a sikert"
"it could be from a good Star of his birth"
"lehet, hogy egy jó születésű csillagtól származik"
"or it could be something he has learned among Samanas"
"vagy lehet valami, amit Samanas között tanult"
"He always seems to be merely playing with our business-affairs"
"Úgy tűnik, mindig csak játszik az üzleti ügyeinkkel"
"his business never fully becomes a part of him"
"az üzlete soha nem válik teljesen a részévé"
"his business never rules over him"
"az üzlete soha nem uralkodik felette"
"he is never afraid of failure"
"soha nem fél a kudarctól"
"he is never upset by a loss"
"soha nem idegesíti a veszteség"
The friend advised the merchant
A barát tanácsolta a kereskedőnek

"Give him a third of the profits he makes for you"
"Add neki a nyereség harmadát, amit neked keres."
"but let him also be liable when there are losses"
"de legyen ő is felelős, ha veszteségek vannak"
"Then, he'll become more zealous"
"Akkor buzgóbb lesz"
Kamaswami was curious, and followed the advice
Kamaswami kíváncsi volt, és követte a tanácsot
But Siddhartha cared little about loses or profits
De Sziddhártát keveset törődött a veszteségek vagy a nyereség
When he made a profit, he accepted it with equanimity
Amikor nyereséget termelt, nyugodtan fogadta
when he made losses, he laughed it off
amikor veszteségeket termelt, kiröhögte
It seemed indeed, as if he did not care about the business
Valóban úgy tűnt, mintha nem törődött volna az üzlettel
At one time, he travelled to a village
Egy időben egy faluba utazott
he went there to buy a large harvest of rice
odament egy nagy termés rizst vásárolni
But when he got there, the rice had already been sold
De amikor odaért, a rizst már eladták
another merchant had gotten to the village before him
előtte egy másik kereskedő került a faluba
Nevertheless, Siddhartha stayed for several days in that village
Mindazonáltal Sziddhárta néhány napig maradt abban a faluban
he treated the farmers for a drink
itallal vendégelte meg a gazdákat
he gave copper-coins to their children
rézpénzt adott gyermekeiknek
he joined in the celebration of a wedding
csatlakozott az esküvő megünnepléséhez
and he returned extremely satisfied from his trip
és rendkívül elégedetten tért vissza útjáról

Kamaswami was angry that Siddhartha had wasted time and money
Kamaswami dühös volt, amiért Sziddhárta időt és pénzt vesztegetett
Siddhartha answered "Stop scolding, dear friend!"
Sziddhárta azt válaszolta: "Hagyd abba a szidást, kedves barátom!"
"Nothing was ever achieved by scolding"
"Soha semmit nem értek el szidással"
"If a loss has occurred, let me bear that loss"
"Ha veszteség történt, hadd viseljem azt a veszteséget"
"I am very satisfied with this trip"
"Nagyon elégedett vagyok ezzel az utazással"
"I have gotten to know many kinds of people"
"Sokféle embert ismertem meg"
"a Brahman has become my friend"
"egy Brahman a barátom lett"
"children have sat on my knees"
"a gyerekek a térdemen ültek"
"farmers have shown me their fields"
"A gazdák megmutatták a földjüket"
"nobody knew that I was a merchant"
"Senki sem tudta, hogy kereskedő vagyok"
"That's all very nice," exclaimed Kamaswami indignantly
– Ez mind nagyon szép – kiáltott fel Kamaswami sértődötten
"but in fact, you are a merchant after all"
"de valójában te kereskedő vagy"
"Or did you have only travel for your amusement?"
– Vagy csak a szórakozásodra utaztál?
"of course I have travelled for my amusement" Siddhartha laughed
"Természetesen a szórakozásomból utaztam" - nevetett Siddhartha
"For what else would I have travelled?"
– Mi másért utaztam volna?
"I have gotten to know people and places"

"Megismertem embereket és helyeket"
"I have received kindness and trust"
"Kedvességet és bizalmat kaptam"
"I have found friendships in this village"
"Ebben a faluban találtam barátságokat"
"if I had been Kamaswami, I would have travelled back annoyed"
"Ha Kamaswami lettem volna, bosszúsan utaztam volna vissza"
"I would have been in hurry as soon as my purchase failed"
"Sietem volna, amint meghiúsul a vásárlásom"
"and time and money would indeed have been lost"
"és idő és pénz valóban elveszett volna"
"But like this, I've had a few good days"
"De így volt néhány jó napom"
"I've learned from my time there"
"Tanultam az ott töltött időből"
"and I have had joy from the experience"
"És örömömre szolgált az élmény"
"I've neither harmed myself nor others by annoyance and hastiness"
"Sem magamnak, sem másoknak nem ártottam bosszúsággal és kapkodással"
"if I ever return friendly people will welcome me"
"Ha valaha visszatérek, barátságos emberek szívesen fogadnak"
"if I return to do business friendly people will welcome me too"
"Ha visszatérek üzletelni, akkor engem is szívesen fogadnak az emberek"
"I praise myself for not showing any hurry or displeasure"
"Dicsérem magam, amiért nem mutattam semmi sietséget vagy nemtetszést"
"So, leave it as it is, my friend"
– Szóval hagyd úgy, barátom!
"and don't harm yourself by scolding"

"és ne árts magadnak a szidással"
"If you see Siddhartha harming himself, then speak with me"
"Ha látod, hogy Sziddhárta önmagának árt, akkor beszélj velem"
"and Siddhartha will go on his own path"
"és Sziddhárta megy a saját útján"
"But until then, let's be satisfied with one another"
"De addig legyünk elégedettek egymással"
the merchant's attempts to convince Siddhartha were futile
a kereskedő próbálkozásai, hogy meggyőzzék Sziddhártát, hiábavalók voltak
he could not make Siddhartha eat his bread
nem tudta rávenni Sziddhártát, hogy megegye a kenyerét
Siddhartha ate his own bread
Sziddhárta a saját kenyerét ette
or rather, they both ate other people's bread
vagy inkább mindketten mások kenyerét ették
Siddhartha never listened to Kamaswami's worries
Sziddhárta soha nem hallgatott Kamaszvámi aggodalmára
and Kamaswami had many worries he wanted to share
és Kamaswaminak sok gondja volt, amit meg akart osztani
there were business-deals going on in danger of failing
üzleti ügyletek folytak a kudarc veszélyével
shipments of merchandise seemed to have been lost
úgy tűnt, hogy az áruszállítmányok elvesztek
debtors seemed to be unable to pay
úgy tűnt, hogy az adósok nem tudnak fizetni
Kamaswami could never convince Siddhartha to utter words of worry
Kamaszvámi soha nem tudta meggyőzni Sziddhártát, hogy aggodalomra ad okot
Kamaswami could not make Siddhartha feel anger towards business
Kamaswami nem tudta haragot kelteni Sziddhártában az üzlet iránt

he could not get him to to have wrinkles on the forehead
nem tudta rávenni, hogy ráncok legyenek a homlokán
he could not make Siddhartha sleep badly
nem tudta rosszul aludni Sziddhártát

one day, Kamaswami tried to speak with Siddhartha
egy nap Kamaswami megpróbált beszélni Sziddhárthával
"Siddhartha, you have failed to learn anything new"
"Sziddhárta, nem tanultál meg semmi újat"
but again, Siddhartha laughed at this
de Sziddhárta megint nevetett ezen
"Would you please not kid me with such jokes"
"Kérlek, ne tréfálj ilyen viccekkel?"
"What I've learned from you is how much a basket of fish costs"
"Amit tőled tanultam, az az, hogy mennyibe kerül egy kosár hal"
"and I learned how much interest may be charged on loaned money"
"és megtudtam, mennyi kamatot számíthatnak fel a kölcsönadott pénzre"
"These are your areas of expertise"
"Ezek a szakterületei"
"I haven't learned to think from you, my dear Kamaswami"
"Nem tőled tanultam meg gondolkodni, kedves Kamaswami"
"you ought to be the one seeking to learn from me"
"Te kell lenned az, aki tanulni akar tőlem"
Indeed his soul was not with the trade
A lelke valóban nem a kereskedelemben volt
The business was good enough to provide him with money for Kamala
Az üzlet elég jó volt ahhoz, hogy pénzt biztosítson Kamala számára
and it earned him much more than he needed
és sokkal többet keresett a kelleténél
Besides Kamala, Siddhartha's curiosity was with the people

Kamala mellett Sziddhárta kíváncsisága is az emberekkel volt
their businesses, crafts, worries, and pleasures
üzleteik, kézműves munkáik, gondjaik és örömeik
all these things used to be alien to him
mindezek a dolgok régen idegenek voltak tőle
their acts of foolishness used to be as distant as the moon
ostobaságaik olyan távoliak voltak, mint a hold
he easily succeeded in talking to all of them
könnyen sikerült mindegyikkel beszélnie
he could live with all of them
mindegyikkel együtt tudott élni
and he could continue to learn from all of them
és továbbra is tanulhatott mindegyiktől
but there was something which separated him from them
de volt valami, ami elválasztotta tőlük
he could feel a divide between him and the people
szakadékot érezhetett közte és az emberek között
this separating factor was him being a Samana
ez az elválasztó tényező az volt, hogy Samana volt
He saw mankind going through life in a childlike manner
Látta, hogy az emberiség gyermeki módon éli át az életet
in many ways they were living the way animals live
sok tekintetben úgy éltek, ahogy az állatok élnek
he loved and also despised their way of life
szerette és meg is vetette életmódjukat
He saw them toiling and suffering
Látta őket kínlódni és szenvedni
they were becoming gray for things unworthy of this price
elszürkültek az ehhez az árhoz méltatlan dolgoktól
they did things for money and little pleasures
pénzért és apró örömökért csináltak dolgokat
they did things for being slightly honoured
azért tettek dolgokat, hogy kissé megtiszteljék őket
he saw them scolding and insulting each other
látta őket szidni és sértegetni egymást
he saw them complaining about pain

látta őket fájdalomról panaszkodni
pains at which a Samana would only smile
fájdalmak, amelyeken egy Samana csak mosolyogna
and he saw them suffering from deprivations
és látta őket nélkülözésekben szenvedni
deprivations which a Samana would not feel
nélkülözések, amelyeket egy Samana nem érezne
He was open to everything these people brought his way
Nyitott volt mindenre, amit ezek az emberek hoztak
welcome was the merchant who offered him linen for sale
üdvözölte a kereskedő, aki megvételre ajánlotta neki az ágyneműt
welcome was the debtor who sought another loan
üdvözölte az adós, aki újabb kölcsönt kért
welcome was the beggar who told him the story of his poverty
üdvözölte a koldus, aki elmesélte neki szegénységének történetét
the beggar who was not half as poor as any Samana
a koldus, aki feleannyira sem volt szegény, mint bármelyik Samana
He did not treat the rich merchant and his servant different
Nem bánt másként a gazdag kereskedővel és szolgájával
he let street-vendor cheat him when buying bananas
hagyta, hogy az utcai árusok megcsalják, amikor banánt vásárol
Kamaswami would often complain to him about his worries
Kamaswami gyakran panaszkodott neki aggodalmai miatt
or he would reproach him about his business
vagy szemrehányást tenne neki a dolga miatt
he listened curiously and happily
kíváncsian és boldogan hallgatta
but he was puzzled by his friend
de értetlenül állt a barátja előtt
he tried to understand him
próbálta megérteni őt

and he admitted he was right, up to a certain point
és egy bizonyos pontig elismerte, hogy igaza volt
there were many who asked for Siddhartha
sokan voltak, akik Sziddhártát kértek
many wanted to do business with him
sokan akartak vele üzletelni
there were many who wanted to cheat him
sokan voltak, akik meg akarták csalni
many wanted to draw some secret out of him
sokan valami titkot akartak kihozni belőle
many wanted to appeal to his sympathy
sokan szimpátiájára akartak hivatkozni
many wanted to get his advice
sokan ki akarták kérni a tanácsát
He gave advice to those who wanted it
Tanácsokat adott azoknak, akik akarták
he pitied those who needed pity
sajnálta azokat, akiknek szánalomra volt szükségük
he made gifts to those who liked presents
ajándékot készített azoknak, akik szerették az ajándékokat
he let some cheat him a bit
hagyta, hogy néhányan megcsalják egy kicsit
this game which all people played occupied his thoughts
ez a játék, amelyet minden ember játszott, foglalkoztatta a gondolatait
he thought about this game just as much as he had about the Gods
éppúgy gondolt erre a játékra, mint az Istenekre
deep in his chest he felt a dying voice
a mellkasa mélyén elhaló hangot érzett
this voice admonished him quietly
ez a hang csendesen intette
and he hardly perceived the voice inside of himself
és alig érzékelte magában a hangot
And then, for an hour, he became aware of something
Aztán egy órán keresztül valamire lett figyelmes

he became aware of the strange life he was leading
tudatosult benne, milyen furcsa életet élt
he realized this life was only a game
rájött, hogy ez az élet csak játék
at times he would feel happiness and joy
időnként boldogságot és örömöt érzett
but real life was still passing him by
de a valódi élet még mindig elhaladt mellette
and it was passing by without touching him
és úgy haladt el mellette, hogy nem érintette őt
Siddhartha played with his business-deals
Sziddhárta az üzletkötéseivel játszott
Siddhartha found amusement in the people around him
Sziddhárta szórakozást talált a körülötte lévő emberekben
but regarding his heart, he was not with them
de a szívét illetően nem volt velük
The source ran somewhere, far away from him
A forrás valahova futott, messze tőle
it ran and ran invisibly
futott és futott láthatatlanul
it had nothing to do with his life any more
már semmi köze az életéhez
at several times he became scared on account of such thoughts
sokszor megijedt az ilyen gondolatoktól
he wished he could participate in all of these childlike games
azt kívánta, bárcsak részt vehetne ezekben a gyermeki játékokban
he wanted to really live
igazán élni akart
he wanted to really act in their theatre
valóban színészkedni akart a színházukban
he wanted to really enjoy their pleasures
szerette volna igazán élvezni az örömeiket

and he wanted to live, instead of just standing by as a spectator
és élni akart, ahelyett, hogy csak nézelődött volna

But again and again, he came back to beautiful Kamala
De újra és újra visszatért a gyönyörű Kamalába
he learned the art of love
megtanulta a szerelem művészetét
and he practised the cult of lust
és a kéj kultuszát gyakorolta
lust, in which giving and taking becomes one
vágy, amelyben az adakozás és az elvétel eggyé válik
he chatted with her and learned from her
beszélgetett vele és tanult tőle
he gave her advice, and he received her advice
tanácsot adott neki, és meg is kapta a tanácsait
She understood him better than Govinda used to understand him
Jobban megértette őt, mint Govinda szokott
she was more similar to him than Govinda had been
jobban hasonlított rá, mint Govinda volt
"You are like me," he said to her
– Olyan vagy, mint én – mondta neki
"you are different from most people"
"Te más vagy, mint a legtöbb ember"
"You are Kamala, nothing else"
"Te vagy Kamala, semmi más"
"and inside of you, there is a peace and refuge"
"és benned béke és menedék van"
"a refuge to which you can go at every hour of the day"
"egy menedék, ahová a nap minden órájában mehetsz"
"you can be at home with yourself"
"otthon lehetsz magaddal"
"I can do this too"
"Én is meg tudom csinálni"
"Few people have this place"

"Kevés embernek van ilyen helye"
"and yet all of them could have it"
"és mégis mindegyik megkaphatná"
"Not all people are smart" said Kamala
„Nem minden ember okos" – mondta Kamala
"No," said Siddhartha, "that's not the reason why"
– Nem – mondta Sziddhárta –, nem ez az oka annak,
"Kamaswami is just as smart as I am"
"Kamaswami ugyanolyan okos, mint én"
"but he has no refuge in himself"
"de nincs menedéke önmagában"
"Others have it, although they have the minds of children"
"Másoknak megvan, bár nekik gyerekes az eszük"
"Most people, Kamala, are like a falling leaf"
"A legtöbb ember, Kamala, olyan, mint egy hulló levél"
"a leaf which is blown and is turning around through the air"
"egy levél, amely el van fújva és megfordul a levegőben"
"a leaf which wavers, and tumbles to the ground"
"egy levél, amely ingadozik és a földre zuhan"
"But others, a few, are like stars"
"De mások, néhányan olyanok, mint a csillagok"
"they go on a fixed course"
"fix tanfolyamra mennek"
"no wind reaches them"
"szél nem éri őket"
"in themselves they have their law and their course"
"önmagukban megvan a törvényük és a saját útjuk"
"Among all the learned men I have met, there was one of this kind"
"Az összes tanult ember között, akivel találkoztam, volt egy ilyen"
"he was a truly perfected one"
"igazán tökéletes ember volt"
"I'll never be able to forget him"
"Soha nem fogom tudni elfelejteni őt"

"It is that Gotama, the exalted one"
"Ez az a Gótama, a magasztos"
"Thousands of followers are listening to his teachings every day"
"Minden nap követői ezrei hallgatják tanításait"
"they follow his instructions every hour"
"óránként követik az utasításait"
"but they are all falling leaves"
"de ezek mind hulló levelek"
"not in themselves they have teachings and a law"
"nem önmagukban vannak tanításaik és törvényeik"
Kamala looked at him with a smile
Kamala mosolyogva nézett rá
"Again, you're talking about him," she said
– Már megint róla beszélsz – mondta
"again, you're having a Samana's thoughts"
"megint egy Samana gondolatai vannak"
Siddhartha said nothing, and they played the game of love
Sziddhárta nem szólt semmit, és a szerelem játékát játszották
one of the thirty or forty different games Kamala knew
a Kamala által ismert harminc-negyven különböző játék egyike
Her body was flexible like that of a jaguar
A teste rugalmas volt, mint egy jaguáré
flexible like the bow of a hunter
hajlékony, mint a vadász íja
he who had learned from her how to make love
aki megtanulta tőle, hogyan kell szeretkezni
he was knowledgeable of many forms of lust
a kéjvágy számos formáját ismerte
he that learned from her knew many secrets
aki tanult tőle, sok titkot tudott
For a long time, she played with Siddhartha
Sokáig Siddharthával játszott
she enticed him and rejected him
elcsábította és elutasította

she forced him and embraced him
kényszerítette és átölelte
she enjoyed his masterful skills
élvezte mesteri képességeit
until he was defeated and rested exhausted by her side
amíg le nem győzték és kimerülten nem pihent mellette
The courtesan bent over him
Az udvarhölgy föléje hajolt
she took a long look at his face
hosszú pillantást vetett az arcára
she looked at his eyes, which had grown tired
– nézett a férfi szemébe, amely már elfáradt
"You are the best lover I have ever seen" she said thoughtfully
– Te vagy a legjobb szerető, akit valaha láttam – mondta elgondolkodva
"You're stronger than others, more supple, more willing"
"Erősebb vagy, mint mások, rugalmasabb, készségesebb"
"You've learned my art well, Siddhartha"
– Jól megtanultad a művészetemet, Sziddhárta.
"At some time, when I'll be older, I'd want to bear your child"
"Valamikor, ha nagy leszek, meg akarom szülni a gyermekedet"
"And yet, my dear, you've remained a Samana"
"És mégis, kedvesem, te Samana maradtál"
"and despite this, you do not love me"
"és ennek ellenére nem szeretsz"
"there is nobody that you love"
"nincs senki, akit szeretsz"
"Isn't it so?" asked Kamala
– Hát nem így van? – kérdezte Kamala
"It might very well be so," Siddhartha said tiredly
– Nagyon is lehet – mondta Siddhartha fáradtan
"I am like you, because you also do not love"
"Olyan vagyok, mint te, mert te sem szeretsz"

"how else could you practise love as a craft?"
"Hogy máshogyan gyakorolhatnád a szerelmet mesterségként?"
"Perhaps, people of our kind can't love"
"Talán a mi fajtánk nem tudnak szeretni"
"The childlike people can love, that's their secret"
"A gyermeki emberek tudnak szeretni, ez a titkuk"

Sansara

For a long time, Siddhartha had lived in the world and lust
Sziddhárta hosszú ideig a világban és a vágyban élt
he lived this way though, without being a part of it
mégis így élt, anélkül, hogy része lett volna
he had killed this off when he had been a Samana
ő ölte meg ezt, amikor Samana volt
but now they had awoken again
de most újra felébredtek
he had tasted riches, lust, and power
megízlelte a gazdagságot, a vágyat és a hatalmat
for a long time he had remained a Samana in his heart
sokáig Samana maradt a szívében
Kamala, being smart, had realized this quite right
Kamala, okos lévén, ezt egészen pontosan felismerte
thinking, waiting, and fasting still guided his life
a gondolkodás, a várakozás és a böjt továbbra is irányította az életét
the childlike people remained alien to him
a gyermeki emberek idegenek maradtak számára
and he remained alien to the childlike people
és idegen maradt a gyermeki emberektől
Years passed by; surrounded by the good life
Teltek-múltak az évek; jó élettel körülvéve
Siddhartha hardly felt the years fading away
Sziddhárta alig érezte, hogy az évek elmúlnak
He had become rich and possessed a house of his own
Gazdag lett, és saját háza volt
he even had his own servants
még saját szolgái is voltak
he had a garden before the city, by the river
kertje volt a város előtt, a folyó mellett
The people liked him and came to him for money or advice
Az emberek kedvelték, és pénzért vagy tanácsért fordultak hozzá

but there was nobody close to him, except Kamala
de Kamalán kívül senki sem volt a közelében
the bright state of being awake
az ébrenlét fényes állapota
the feeling which he had experienced at the height of his youth
azt az érzést, amit ifjúkora csúcsán átélt
in those days after Gotama's sermon
azokban a napokban Gótama prédikációja után
after the separation from Govinda
a Govindától való elválás után
the tense expectation of life
az élet feszült elvárása
the proud state of standing alone
az egyedül állás büszke állapota
being without teachings or teachers
tanítások és tanítók nélkül lenni
the supple willingness to listen to the divine voice in his own heart
a hajlékony hajlandóságot, hogy meghallgassa az isteni hangot a saját szívében
all these things had slowly become a memory
mindezek a dolgok lassan emlékké váltak
the memory had been fleeting, distant, and quiet
az emlék röpke volt, távoli és csendes
the holy source, which used to be near, now only murmured
a szent forrás, amely korábban a közelében volt, most csak mormolta
the holy source, which used to murmur within himself
a szent forrás, amely magában zúgolódott
Nevertheless, many things he had learned from the Samanas
Ennek ellenére sok mindent megtanult a Samanáktól
he had learned from Gotama
Gótamától tanulta
he had learned from his father the Brahman
apjától, a Brahmantól tanulta

his father had remained within his being for a long time
apja sokáig a lényében maradt
moderate living, the joy of thinking, hours of meditation
mértékletes életmód, a gondolkodás öröme, órákig tartó meditáció
the secret knowledge of the self; his eternal entity
az én titkos tudása; örökkévaló entitása
the self which is neither body nor consciousness
az én, amely sem nem test, sem nem tudat
Many a part of this he still had
Ennek sok része még megvolt
but one part after another had been submerged
de egyik rész a másik után víz alá került
and eventually each part gathered dust
és végül minden egyes része összegyűjtötte a port
a potter's wheel, once in motion, will turn for a long time
a fazekaskorong, ha egyszer mozog, sokáig forog
it loses its vigour only slowly
csak lassan veszít erejéből
and it comes to a stop only after time
és csak idővel áll meg
Siddhartha's soul had kept on turning the wheel of asceticism
Sziddhárta lelke folyamatosan forgatta az aszkézis kerekét
the wheel of thinking had kept turning for a long time
a gondolkodás kereke sokáig forgott
the wheel of differentiation had still turned for a long time
a megkülönböztetés kereke még sokáig forgott
but it turned slowly and hesitantly
de lassan és tétován fordult
and it was close to coming to a standstill
és közel állt a megtorpanáshoz
Slowly, like humidity entering the dying stem of a tree
Lassan, mint a pára, amely egy fa haldokló szárába jut
filling the stem slowly and making it rot
lassan megtöltve a szárat és elkorhadt

the world and sloth had entered Siddhartha's soul
a világ és a lustaság behatolt Siddhartha lelkébe
slowly it filled his soul and made it heavy
lassan betöltötte a lelkét és megnehezítette
it made his soul tired and put it to sleep
megfárasztotta a lelkét és elaltatta
On the other hand, his senses had become alive
Másrészt az érzékei megelevenedtek
there was much his senses had learned
érzékszervei sok mindent megtanultak
there was much his senses had experienced
érzékszervei sok mindent átéltek
Siddhartha had learned to trade
Sziddhárta megtanult kereskedni
he had learned how to use his power over people
megtanulta, hogyan kell használni az emberek feletti hatalmát
he had learned how to enjoy himself with a woman
megtanulta, hogyan érezze jól magát egy nővel
he had learned how to wear beautiful clothes
megtanulta, hogyan kell szép ruhákat viselni
he had learned how to give orders to servants
megtanulta, hogyan adjon parancsot a szolgáknak
he had learned how to bathe in perfumed waters
megtanulta, hogyan kell illatos vízben fürödni
He had learned how to eat tenderly and carefully prepared food
Megtanulta finoman és gondosan elkészített ételeket enni
he even ate fish, meat, and poultry
még halat, húst és baromfit is evett
spices and sweets and wine, which causes sloth and forgetfulness
fűszerek és édességek és a bor, ami lustaságot és feledékenységet okoz
He had learned to play with dice and on a chess-board
Megtanult kockával és sakktáblán játszani
he had learned to watch dancing girls

megtanulta nézni a táncoló lányokat
he learned to have himself carried about in a sedan-chair
megtanulta, hogy szedánszékben vigye magát
he learned to sleep on a soft bed
megtanult puha ágyon aludni
But still he felt different from others
De mégis másnak érezte magát, mint mások
he still felt superior to the others
még mindig felsőbbrendűnek érezte magát a többieknél
he always watched them with some mockery
mindig némi gúnnyal figyelte őket
there was always some mocking disdain to how he felt about them
mindig volt valami gúnyos megvetés, amit irántuk érzett
the same disdain a Samana feels for the people of the world
ugyanaz a megvetés, amit egy Samana érez a világ emberei iránt

Kamaswami was ailing and felt annoyed
Kamaswami gyengélkedett, és bosszúsnak érezte magát
he felt insulted by Siddhartha
sértve érezte magát Sziddhártától
and he was vexed by his worries as a merchant
és kereskedőként idegesítette a gondja
Siddhartha had always watched these things with mockery
Sziddhárta mindig gúnyosan nézte ezeket a dolgokat
but his mockery had become more tired
de a gúnyja fáradtabb lett
his superiority had become more quiet
felsőbbrendűsége csendesebb lett
as slowly imperceptible as the rainy season passing by
olyan lassan észrevehetetlen, mint a múló esős évszak
slowly, Siddhartha had assumed something of the childlike people's ways
Sziddhárta lassan felfogott valamit a gyermeki emberek életmódjából

he had gained some of their childishness
nyert valamennyit gyerekességükből
and he had gained some of their fearfulness
és nyert valamennyit félelemükből
And yet, the more be become like them the more he envied them
És mégis, minél jobban hasonlított rájuk, annál jobban irigyelte őket
He envied them for the one thing that was missing from him
Irigyelte őket az egyetlen dolog miatt, ami hiányzott belőle
the importance they were able to attach to their lives
milyen fontosságot tudtak tulajdonítani életüknek
the amount of passion in their joys and fears
a szenvedély mennyisége örömeikben és félelmeikben
the fearful but sweet happiness of being constantly in love
az állandóan szerelmes lét félelmetes, de édes boldogsága
These people were in love with themselves all of the time
Ezek az emberek mindig önmagukba voltak szerelmesek
women loved their children, with honours or money
a nők szerették gyermekeiket, kitüntetéssel vagy pénzzel
the men loved themselves with plans or hopes
a férfiak tervekkel vagy reményekkel szerették magukat
But he did not learn this from them
De ezt nem tőlük tanulta
he did not learn the joy of children
nem tanulta meg a gyerekek örömét
and he did not learn their foolishness
és nem tanulta meg az ostobaságukat
what he mostly learned were their unpleasant things
amit többnyire megtanult, azok a kellemetlen dolgaik voltak
and he despised these things
és megvetette ezeket a dolgokat
in the morning, after having had company
reggel, miután társaságba került
more and more he stayed in bed for a long time
egyre többször maradt sokáig ágyban

he felt unable to think, and was tired
úgy érezte, képtelen gondolkodni, és fáradt volt
he became angry and impatient when Kamaswami bored him with his worries
dühös és türelmetlen lett, amikor Kamaswami untatta őt aggodalmaival
he laughed just too loud when he lost a game of dice
túl hangosan nevetett, amikor elveszített egy kockajátékot
His face was still smarter and more spiritual than others
Az arca még mindig okosabb és spirituálisabb volt, mint másoké
but his face rarely laughed anymore
de az arca már ritkán nevetett
slowly, his face assumed other features
lassan az arca más vonásokat öltött
the features often found in the faces of rich people
a gazdag emberek arcán gyakran fellelhető vonások
features of discontent, of sickliness, of ill-humour
az elégedetlenség, a rosszullét, a rosszkedv vonásai
features of sloth, and of a lack of love
a lustaság és a szeretet hiányának jellemzői
the disease of the soul which rich people have
a lélek betegsége, amely a gazdag emberekben szenved
Slowly, this disease grabbed hold of him
Lassan ez a betegség ragadta el magát
like a thin mist, tiredness came over Siddhartha
mint egy vékony köd, a fáradtság szállta meg Sziddhártát
slowly, this mist got a bit denser every day
lassan ez a pára minden nap egy kicsit sűrűbb lett
it got a bit murkier every month
minden hónapban egy kicsit homályosabb lett
and every year it got a bit heavier
és minden évben egy kicsit nehezebb lett
dresses become old with time
a ruhák idővel öregednek
clothes lose their beautiful colour over time

a ruhák idővel elveszítik szép színüket
they get stains, wrinkles, worn off at the seams
foltokat, ráncokat kapnak, a varratoknál lekopnak
they start to show threadbare spots here and there
itt-ott cérnafoltokat kezdenek mutatni
this is how Siddhartha's new life was
így alakult Sziddhárta új élete
the life which he had started after his separation from Govinda
az élet, amelyet Govindától való elválása után kezdett
his life had grown old and lost colour
élete megöregedett és színét vesztette
there was less splendour to it as the years passed by
az évek múlásával kevesebb pompája volt
his life was gathering wrinkles and stains
élete ráncokat és foltokat gyűjtött
and hidden at bottom, disappointment and disgust were waiting
és alul elrejtve csalódás és undor várt
they were showing their ugliness
csúfságukat mutatták
Siddhartha did not notice these things
Sziddhárta nem vette észre ezeket a dolgokat
he remembered the bright and reliable voice inside of him
emlékezett a benne rejlő ragyogó és megbízható hangra
he noticed the voice had become silent
észrevette, hogy a hang elnémult
the voice which had awoken in him at that time
a hang, ami akkoriban felébredt benne
the voice that had guided him in his best times
a hang, amely a legjobb időkben vezérelte
he had been captured by the world
elfogta a világ
he had been captured by lust, covetousness, sloth
elfogta a vágy, a mohóság, a lustaság
and finally he had been captured by his most despised vice

és végül elfogta a legmegvetettebb bűne
the vice which he mocked the most
a bűn, amelyet a legjobban gúnyolt
the most foolish one of all vices
a legostobább az összes bűn közül
he had let greed into his heart
mohóságot engedett a szívébe
Property, possessions, and riches also had finally captured him
A tulajdon, a javak és a gazdagság szintén elfogta
having things was no longer a game to him
A dolgok birtoklása már nem volt játék számára
his possessions had become a shackle and a burden
javai béklyóvá és teherré váltak
It had happened in a strange and devious way
Furcsa és alattomos módon történt
Siddhartha had gotten this vice from the game of dice
Sziddhárta a kockajátékból szerezte meg ezt a bűnt
he had stopped being a Samana in his heart
szívében megszűnt Samana lenni
and then he began to play the game for money
aztán elkezdett pénzért játszani
first he joined the game with a smile
először mosolyogva csatlakozott a játékhoz
at this time he only played casually
ekkor még csak lazán játszott
he wanted to join the customs of the childlike people
csatlakozni akart a gyermeki nép szokásaihoz
but now he played with an increasing rage and passion
de most egyre nagyobb dühvel és szenvedéllyel játszott
He was a feared gambler among the other merchants
A többi kereskedő között rettegett szerencsejátékos volt
his stakes were so audacious that few dared to take him on
tétje olyan merész volt, hogy kevesen merték felvállalni
He played the game due to a pain of his heart
A játékot szívfájdalmai miatt játszotta

losing and wasting his wretched money brought him an angry joy
nyomorult pénzének elvesztése és elpazarlása dühös örömöt okozott neki
he could demonstrate his disdain for wealth in no other way
a vagyon iránti megvetését semmi más módon nem tudta kimutatni
he could not mock the merchants' false god in a better way
nem tudta jobban kigúnyolni a kereskedők hamis istenét
so he gambled with high stakes
így nagy téttel játszott
he mercilessly hated himself and mocked himself
könyörtelenül gyűlölte magát és kigúnyolta magát
he won thousands, threw away thousands
ezreket nyert, ezreket dobott el
he lost money, jewellery, a house in the country
pénzt, ékszereket, házat veszített a vidéken
he won it again, and then he lost again
ismét megnyerte, aztán megint veszített
he loved the fear he felt while he was rolling the dice
szerette a félelmet, amit a kockadobás közben érzett
he loved feeling worried about losing what he gambled
szerette, ha aggódott amiatt, hogy elveszíti, amit játszott
he always wanted to get this fear to a slightly higher level
ezt a félelmet mindig valamivel magasabb szintre akarta juttatni
he only felt something like happiness when he felt this fear
csak akkor érzett valami boldogsághoz hasonlót, amikor ezt a félelmet érezte
it was something like an intoxication
valami mámorhoz hasonló volt
something like an elevated form of life
olyasmi, mint egy emelkedett életforma
something brighter in the midst of his dull life
valami fényesebbet unalmas élete közepette
And after each big loss, his mind was set on new riches

És minden nagy veszteség után az új gazdagságon járt a feje
he pursued the trade more zealously
buzgóbban űzte a kereskedést
he forced his debtors more strictly to pay
szigorúbban fizetésre kényszerítette adósait
because he wanted to continue gambling
mert folytatni akarta a szerencsejátékot
he wanted to continue squandering
folytatni akarta a pazarlást
he wanted to continue demonstrating his disdain of wealth
továbbra is demonstrálni akarta a gazdagság iránti megvetését
Siddhartha lost his calmness when losses occurred
Siddhartha elvesztette nyugalmát, amikor veszteségek történtek
he lost his patience when he was not paid on time
elvesztette a türelmét, amikor nem fizették ki időben
he lost his kindness towards beggars
elvesztette kedvességét a koldusokkal szemben
He gambled away tens of thousands at one roll of the dice
Tízezreket játszott el egy kockadobásnál
he became more strict and more petty in his business
szigorúbb és kicsinyesebb lett az üzletében
occasionally, he was dreaming at night about money!
néha éjszakánként a pénzről álmodott!
whenever he woke up from this ugly spell, he continued fleeing
valahányszor felébredt ebből a csúnya varázslatból, tovább menekült
whenever he found his face in the mirror to have aged, he found a new game
valahányszor megöregedettnek találta az arcát a tükörben, új játékot talált
whenever embarrassment and disgust came over him, he numbed his mind
valahányszor zavar és undor kerítette hatalmába, elaltatta az elméjét

he numbed his mind with sex and wine
szextől és bortól elaltatta az elméjét
and from there he fled back into the urge to pile up and obtain possessions
és onnan visszamenekült a késztetésbe, hogy felhalmozzon és birtokot szerezzen
In this pointless cycle he ran
Ebben az értelmetlen ciklusban futott
from his life he grow tired, old, and ill
életéből fáradt, öreg és beteg lesz

Then the time came when a dream warned him
Aztán eljött az idő, amikor egy álom figyelmeztette
He had spent the hours of the evening with Kamala
Az esti órákat Kamalával töltötte
he had been in her beautiful pleasure-garden
a gyönyörű kertjében járt
They had been sitting under the trees, talking
A fák alatt ültek és beszélgettek
and Kamala had said thoughtful words
és Kamala elgondolkodtató szavakat mondott
words behind which a sadness and tiredness lay hidden
szavak, amelyek mögött szomorúság és fáradtság rejtőzött
She had asked him to tell her about Gotama
Megkérte, hogy meséljen neki Gotamáról
she could not hear enough of him
nem tudott eleget hallani róla
she loved how clear his eyes were
szerette, milyen tiszta a szeme
she loved how still and beautiful his mouth was
szerette, milyen csendes és gyönyörű a szája
she loved the kindness of his smile
szerette mosolyának kedvességét
she loved how peaceful his walk had been
szerette, milyen békés volt a sétája
For a long time, he had to tell her about the exalted Buddha

Sokáig mesélnie kellett neki a magasztos Buddháról
and Kamala had sighed, and spoke
és Kamala felsóhajtott, és megszólalt
"One day, perhaps soon, I'll also follow that Buddha"
"Egy nap, talán hamarosan én is követni fogom azt a Buddhát"
"I'll give him my pleasure-garden for a gift"
"Ajándékba adom neki a kertemet"
"and I will take my refuge in his teachings"
"És az ő tanításaihoz fogok menedéket találni"
But after this, she had aroused him
De ezek után felkeltette
she had tied him to her in the act of making love
a szerelmeskedés során magához kötötte
with painful fervour, biting and in tears
fájdalmas hévvel, harapva és könnyezve
it was as if she wanted to squeeze the last sweet drop out of this wine
mintha az utolsó édes cseppet is ki akarta volna préselni ebből a borból
Never before had it become so strangely clear to Siddhartha
Soha korábban nem vált ilyen furcsán egyértelművé Sziddhárta
he felt how close lust was akin to death
érezte, hogy a vágy milyen közel áll a halálhoz
he laid by her side, and Kamala's face was close to him
mellé feküdt, és Kamala arca közel volt hozzá
under her eyes and next to the corners of her mouth
a szeme alatt és a szája sarka mellett
it was as clear as never before
olyan egyértelmű volt, mint még soha
there read a fearful inscription
ott egy félelmetes felirat olvasható
an inscription of small lines and slight grooves
apró vonalak és enyhe barázdák felirata
an inscription reminiscent of autumn and old age
őszre és öregségre emlékeztető felirat

here and there, gray hairs among his black ones
itt-ott ősz hajszálak a feketéi között
Siddhartha himself, who was only in his forties, noticed the same thing
Maga Sziddhárta, aki még csak a negyvenes éveiben járt, ugyanezt vette észre
Tiredness was written on Kamala's beautiful face
Kamala gyönyörű arcára a fáradtság volt írva
tiredness from walking a long path
fáradtság a hosszú utakon
a path which has no happy destination
egy út, amelynek nincs boldog útja
tiredness and the beginning of withering
fáradtság és a hervadás kezdete
fear of old age, autumn, and having to die
az öregségtől, az ősztől és a haláltól való félelem
With a sigh, he had bid his farewell to her
Sóhajtva búcsúzott tőle
the soul full of reluctance, and full of concealed anxiety
a lélek csupa vonakodás, és csupa rejtett szorongás

Siddhartha had spent the night in his house with dancing girls
Sziddhárta a házában töltötte az éjszakát táncoló lányokkal
he acted as if he was superior to them
úgy viselkedett, mintha felsőbbrendű lenne náluk
he acted superior towards the fellow-members of his caste
felsőbbrendűen viselkedett kasztjának tagjaival szemben
but this was no longer true
de ez már nem volt igaz
he had drunk much wine that night
sok bort ivott aznap este
and he went to bed a long time after midnight
és jóval éjfél után lefeküdt
tired and yet excited, close to weeping and despair
fáradt és mégis izgatott, közel a síráshoz és a kétségbeeséshez

for a long time he sought to sleep, but it was in vain
sokáig aludni akart, de hiába
his heart was full of misery
szíve tele volt nyomorúsággal
he thought he could not bear any longer
azt hitte, nem bírja tovább
he was full of a disgust, which he felt penetrating his entire body
tele volt undorral, amit az egész testén átjárni érzett
like the lukewarm repulsive taste of the wine
mint a bor langyos visszataszító íze
the dull music was a little too happy
az unalmas zene egy kicsit túl boldog volt
the smile of the dancing girls was a little too soft
a táncoló lányok mosolya kissé túl lágy volt
the scent of their hair and breasts was a little too sweet
hajuk és mellük illata kissé túl édes volt
But more than by anything else, he was disgusted by himself
De jobban undorodott önmagától, mint bármi mástól
he was disgusted by his perfumed hair
undorodott a parfümös hajától
he was disgusted by the smell of wine from his mouth
undorodott a borszagtól a szájából
he was disgusted by the listlessness of his skin
undorodott bőre kedvetlenségétől
Like when someone who has eaten and drunk far too much
Mint amikor valaki túl sokat evett és ivott
they vomit it back up again with agonising pain
gyötrelmes fájdalommal újra kihányják
but they feel relieved by the vomiting
de megkönnyebbülnek a hányástól
this sleepless man wished to free himself of these pleasures
ez az álmatlan ember meg akart szabadulni ezektől az örömöktől
he wanted to be rid of these habits

meg akart szabadulni ezektől a szokásoktól
he wanted to escape all of this pointless life
menekülni akart ebből az egész értelmetlen életből
and he wanted to escape from himself
és menekülni akart önmaga elől
it wasn't until the light of the morning when he had slightly fallen sleep
csak a hajnali fényben, amikor kissé elaludt
the first activities in the street were already beginning
már elkezdődtek az első tevékenységek az utcán
for a few moments he had found a hint of sleep
néhány pillanatra érezte, hogy elaludt
In those moments, he had a dream
Azokban a pillanatokban volt egy álma
Kamala owned a small, rare singing bird in a golden cage
Kamalának volt egy kicsi, ritka énekes madárka aranykalitkában
it always sung to him in the morning
mindig énekelt neki reggel
but then he dreamt this bird had become mute
de aztán azt álmodta, hogy ez a madár elnémult
since this arose his attention, he stepped in front of the cage
mivel ez felkeltette a figyelmét, a ketrec elé lépett
he looked at the bird inside the cage
a madarat nézte a ketrecben
the small bird was dead, and lay stiff on the ground
a kis madár meghalt, és mereven feküdt a földön
He took the dead bird out of its cage
Kivette a döglött madarat a ketrecéből
he took a moment to weigh the dead bird in his hand
egy pillanatra megmérte a kezében tartott döglött madarat
and then threw it away, out in the street
aztán kidobta az utcára
in the same moment he felt terribly shocked
ugyanabban a pillanatban szörnyen megdöbbent
his heart hurt as if he had thrown away all value

úgy fájt a szíve, mintha minden értéket eldobott volna
everything good had been inside of this dead bird
minden jó benne volt ebben a döglött madárban
Starting up from this dream, he felt encompassed by a deep sadness
Ebből az álomból kiindulva mély szomorúság kerítette hatalmába
everything seemed worthless to him
minden értéktelennek tűnt számára
worthless and pointless was the way he had been going through life
értéktelen és értelmetlen volt az életútja
nothing which was alive was left in his hands
semmi élő nem maradt a kezében
nothing which was in some way delicious could be kept
semmit, ami valamilyen módon finom volt, nem lehetett megtartani
nothing worth keeping would stay
nem maradna semmi, amit érdemes lenne megtartani
alone he stood there, empty like a castaway on the shore
Egyedül állt ott, üresen, mint a parton elvetett

With a gloomy mind, Siddhartha went to his pleasure-garden
Sziddhárta komor elmével elment örömkertjébe
he locked the gate and sat down under a mango-tree
bezárta a kaput, és leült egy mangófa alá
he felt death in his heart and horror in his chest
halált érzett a szívében és borzalmat a mellkasában
he sensed how everything died and withered in him
érezte, hogyan halt el és hervadt el benne minden
By and by, he gathered his thoughts in his mind
Időről időre összeszedte gondolatait az elméjében
once again, he went through the entire path of his life
ismét végigjárta élete egész útját
he started with the first days he could remember

az első napokkal kezdte, amelyekre emlékezett
When was there ever a time when he had felt a true bliss?
Mikor volt valaha is, amikor igazi boldogságot érzett?
Oh yes, several times he had experienced such a thing
Ó, igen, többször is átélt már ilyet
In his years as a boy he had had a taste of bliss
Fiú korában megízlelte a boldogságot
he had felt happiness in his heart when he obtained praise from the Brahmans
boldogságot érzett a szívében, amikor dicséretet kapott a brahmanoktól
"There is a path in front of the one who has distinguished himself"
"Út áll az előtt, aki kitüntetett"
he had felt bliss reciting the holy verses
boldogságot érzett a szent versek szavalása közben
he had felt bliss disputing with the learned ones
boldogságot érzett a tanultokkal vitatkozva
he had felt bliss when he was an assistant in the offerings
boldogságot érzett, amikor asszisztens volt a felajánlásokban
Then, he had felt it in his heart
Aztán a szívében érezte
"There is a path in front of you"
"Van egy ösvény előtted"
"you are destined for this path"
"erre az útra vagy szánva"
"the gods are awaiting you"
"az istenek várnak rád"
And again, as a young man, he had felt bliss
Fiatalemberként ismét boldogságot érzett
when his thoughts separated him from those thinking on the same things
amikor a gondolatai elválasztották az ugyanazon a dolgokon gondolkodóktól
when he wrestled in pain for the purpose of Brahman
amikor fájdalmában birkózott Brahman céljával

when every obtained knowledge only kindled new thirst in him
amikor minden megszerzett tudás csak új szomjúságot szított benne
in the midst of the pain he felt this very same thing
a fájdalom közepette ugyanezt érezte
"Go on! You are called upon!"
– Folytasd!
He had heard this voice when he had left his home
Ezt a hangot hallotta, amikor elhagyta otthonát
he heard heard this voice when he had chosen the life of a Samana
hallotta ezt a hangot, amikor a Samana életét választotta
and again he heard this voice when left the Samanas
és újra hallotta ezt a hangot, amikor elhagyta a Samanas-t
he had heard the voice when he went to see the perfected one
hallotta a hangot, amikor elment megnézni a tökéleteset
and when he had gone away from the perfected one, he had heard the voice
és amikor eltávozott a tökéletestől, meghallotta a hangot
he had heard the voice when he went into the uncertain
hallotta a hangot, amikor bement a bizonytalanba
For how long had he not heard this voice anymore?
Mióta nem hallotta már ezt a hangot?
for how long had he reached no height anymore?
mióta nem érte el már a magasságot?
how even and dull was the manner in which he went through life?
mennyire volt egyenletes és unalmas az a mód, ahogyan végigment az életen?
for many long years without a high goal
hosszú évekig magas cél nélkül
he had been without thirst or elevation
szomjúság és emelkedettség nélkül volt
he had been content with small lustful pleasures

megelégedett apró kéjes örömökkel
and yet he was never satisfied!
és mégsem volt soha elégedett!
For all of these years he had tried hard to become like the others
Ennyi éven át keményen igyekezett, hogy olyan legyen, mint a többiek
he longed to be one of the childlike people
arra vágyott, hogy a gyermeki emberek közé tartozzon
but he didn't know that that was what he really wanted
de nem tudta, hogy valójában ezt akarja
his life had been much more miserable and poorer than theirs
élete sokkal nyomorúságosabb és szegényebb volt, mint az övék
because their goals and worries were not his
mert céljaik és gondjaik nem az övéi voltak
the entire world of the Kamaswami-people had only been a game to him
a Kamaswami-népek egész világa csak játék volt számára
their lives were a dance he would watch
az életük egy tánc volt, amit nézni fog
they performed a comedy he could amuse himself with
vígjátékot adtak elő, amivel el tudta mulatni magát
Only Kamala had been dear and valuable to him
Csak Kamala volt kedves és értékes számára
but was she still valuable to him?
de még mindig értékes volt neki?
Did he still need her?
Még mindig szüksége volt rá?
Or did she still need him?
Vagy még mindig szüksége volt rá?
Did they not play a game without an ending?
Nem játszottak befejezés nélküli játékot?
Was it necessary to live for this?
Kellett-e ezért élni?

No, it was not necessary!
Nem, nem volt rá szükség!
The name of this game was Sansara
A játék neve Sansara volt
a game for children which was perhaps enjoyable to play once
egy játék gyerekeknek, amelyet egyszer talán élvezetes volt játszani
maybe it could be played twice
talán kétszer is le lehetne játszani
perhaps you could play it ten times
talán eljátszhatnád tízszer is
but should you play it for ever and ever?
de játszanod kell vele örökkön-örökké?
Then, Siddhartha knew that the game was over
Aztán Sziddhárta tudta, hogy a játéknak vége
he knew that he could not play it any more
tudta, hogy nem tudja tovább játszani
Shivers ran over his body and inside of him
Borzongás futott végig a testén és a belsejében
he felt that something had died
érezte, hogy valami meghalt

That entire day, he sat under the mango-tree
Egész nap a mangófa alatt ült
he was thinking of his father
az apjára gondolt
he was thinking of Govinda
Govindára gondolt
and he was thinking of Gotama
és Gótamára gondolt
Did he have to leave them to become a Kamaswami?
El kellett hagynia őket, hogy Kamaswami legyen?
He was still sitting there when the night had fallen
Még mindig ott ült, amikor leszállt az éjszaka
he caught sight of the stars, and thought to himself

megpillantotta a csillagokat, és gondolta magában
"Here I'm sitting under my mango-tree in my pleasure-garden"
"Itt ülök a mangófám alatt a kertemben"
He smiled a little to himself
Kicsit elmosolyodott magában
was it really necessary to own a garden?
valóban szükség volt saját kertre?
was it not a foolish game?
nem hülye játék volt?
did he need to own a mango-tree?
kellett neki egy mangófa?
He also put an end to this
Ennek is véget vetett
this also died in him
ez is meghalt benne
He rose and bid his farewell to the mango-tree
Felállt, és elbúcsúzott a mangófától
he bid his farewell to the pleasure-garden
búcsút vett az örömkerttől
Since he had been without food this day, he felt strong hunger
Mivel ma nem volt ennivalója, erős éhséget érzett
and he thought of his house in the city
és a városi házára gondolt
he thought of his chamber and bed
kamrájára és ágyára gondolt
he thought of the table with the meals on it
az asztalra gondolt, rajta az ételekkel
He smiled tiredly, shook himself, and bid his farewell to these things
Fáradtan mosolygott, megrázta magát, és elbúcsúzott ezektől a dolgoktól
In the same hour of the night, Siddhartha left his garden
Az éjszaka ugyanabban az órájában Sziddhárta elhagyta a kertjét

he left the city and never came back
elhagyta a várost, és soha többé nem jött vissza

For a long time, Kamaswami had people look for him
Kamaswami sokáig kereste az embereket
they thought he had fallen into the hands of robbers
azt hitték, rablók kezébe került
Kamala had no one look for him
Kamalának senki sem kereste
she was not astonished by his disappearance
nem lepte meg az eltűnése
Did she not always expect it?
Nem számított mindig rá?
Was he not a Samana?
Nem Samana volt?
a man who was at home nowhere, a pilgrim
egy ember, aki sehol sem volt otthon, egy zarándok
she had felt this the last time they had been together
ezt érezte, amikor utoljára együtt voltak
she was happy despite all the pain of the loss
boldog volt a veszteség minden fájdalma ellenére
she was happy she had been with him one last time
boldog volt, hogy utoljára vele volt
she was happy she had pulled him so affectionately to her heart
boldog volt, hogy ilyen szeretettel a szívéhez húzta
she was happy she had felt completely possessed and penetrated by him
boldog volt, hogy úgy érezte, teljesen megszállta és áthatotta őt
When she received the news, she went to the window
Amikor megkapta a hírt, az ablakhoz ment
at the window she held a rare singing bird
az ablaknál egy ritka énekes madarat tartott
the bird was held captive in a golden cage
a madarat aranykalitkában tartották fogva

She opened the door of the cage
Kinyitotta a ketrec ajtaját
she took the bird out and let it fly
kivette a madarat és repülni engedte
For a long time, she gazed after it
Sokáig bámult utána
From this day on, she received no more visitors
Ettől a naptól kezdve nem fogadott több látogatót
and she kept her house locked
és zárva tartotta a házát
But after some time, she became aware that she was pregnant
Egy idő után azonban észrevette, hogy terhes
she was pregnant from the last time she was with Siddhartha
terhes volt attól fogva, hogy legutóbb Sziddhártával volt együtt

By the River
A Folyó mellett

Siddhartha walked through the forest
Sziddhárta átsétált az erdőn
he was already far from the city
már messze volt a várostól
and he knew nothing but one thing
és nem tudott mást, csak egy dolgot
there was no going back for him
nem volt számára visszaút
the life that he had lived for many years was over
véget ért az élet, amit sok éve élt
he had tasted all of this life
végigkóstolta ezt az életet
he had sucked everything out of this life
mindent kiszívott ebből az életből
until he was disgusted with it
amíg meg nem undorodott tőle
the singing bird he had dreamt of was dead
az énekes madár, akiről álmodott, meghalt
and the bird in his heart was dead too
és a szívében lévő madár is meghalt
he had been deeply entangled in Sansara
mélyen belegabalyodott Sansarába
he had sucked up disgust and death into his body
undort és halált szívott a testébe
like a sponge sucks up water until it is full
mint a szivacs addig szívja fel a vizet, amíg meg nem telik
he was full of misery and death
tele volt nyomorúsággal és halállal
there was nothing left in this world which could have attracted him
semmi sem maradt ezen a világon, ami vonzhatta volna
nothing could have given him joy or comfort
semmi sem adhatott neki örömet vagy vigaszt

he passionately wished to know nothing about himself anymore
szenvedélyesen nem akart többé semmit sem tudni magáról
he wanted to have rest and be dead
pihenni és halott akart lenni
he wished there was a lightning-bolt to strike him dead!
azt kívánta, bárcsak lenne egy villám, ami agyonütné!
If there only was a tiger to devour him!
Ha lenne egy tigris, aki felfalná!
If there only was a poisonous wine which would numb his senses
Ha lenne egy mérgező bor, amely elaltatná érzékeit
a wine which brought him forgetfulness and sleep
egy bor, amely feledékenységet és elalvást hozott neki
a wine from which he wouldn't awake from
egy bor, amelyből nem ébredne fel
Was there still any kind of filth he had not soiled himself with?
Volt még valami szenny, amivel nem szennyezte be magát?
was there a sin or foolish act he had not committed?
volt valami bűn vagy ostoba tett, amit nem követett el?
was there a dreariness of the soul he didn't know?
volt valami sivárság a lélekben, amit nem ismert?
was there anything he had not brought upon himself?
volt valami, amit nem hozott magára?
Was it still at all possible to be alive?
Egyáltalán lehetséges volt még életben lenni?
Was it possible to breathe in again and again?
Lehetett újra és újra belélegezni?
Could he still breathe out?
Ki tudna még lélegezni?
was he able to bear hunger?
képes volt elviselni az éhséget?
was there any way to eat again?
volt mód újra enni?
was it possible to sleep again?

lehetett újra aludni?
could he sleep with a woman again?
lefeküdhetne megint egy nővel?
had this cycle not exhausted itself?
ez a ciklus nem merítette ki magát?
were things not brought to their conclusion?
nem jutottak a dolgok a végére?

Siddhartha reached the large river in the forest
Sziddhárta elérte az erdőben a nagy folyót
it was the same river he crossed when he had still been a young man
ugyanaz a folyó volt, amelyen átkelt, amikor még fiatal volt
it was the same river he crossed from the town of Gotama
ugyanaz a folyó volt, amelyen Gotama városából kelt át
he remembered a ferryman who had taken him over the river
eszébe jutott egy révész, aki átvitte a folyón
By this river he stopped, and hesitantly he stood at the bank
Ennél a folyónál megállt, és tétován megállt a parton
Tiredness and hunger had weakened him
A fáradtság és az éhség legyengítette
"what should I walk on for?"
– Minek menjek tovább?
"to what goal was there left to go?"
"milyen célig volt még hátra?"
No, there were no more goals
Nem, nem volt több gól
there was nothing left but a painful yearning to shake off this dream
nem maradt más, mint egy fájdalmas vágy, hogy lerázza magáról ezt az álmot
he yearned to spit out this stale wine
vágyott arra, hogy kiköpje ezt az állott bort
he wanted to put an end to this miserable and shameful life

véget akart vetni ennek a nyomorúságos és szégyenletes életnek
a coconut-tree bent over the bank of the river
egy kókuszfa hajlott a folyó partjára
Siddhartha leaned against its trunk with his shoulder
Sziddhárta a törzsének támaszkodott a vállával
he embraced the trunk with one arm
egyik karjával átölelte a törzset
and he looked down into the green water
és lenézett a zöld vízbe
the water ran under him
elfolyt alatta a víz
he looked down and found himself to be entirely filled with the wish to let go
lenézett, és azon kapta magát, hogy teljesen el van telve az elengedés vágyával
he wanted to drown in these waters
meg akart fulladni ezekben a vizekben
the water reflected a frightening emptiness back at him
a víz ijesztő ürességet tükrözött vissza rá
the water answered to the terrible emptiness in his soul
a víz válaszolt a lelkében uralkodó iszonyatos ürességre
Yes, he had reached the end
Igen, a végére ért
There was nothing left for him, except to annihilate himself
Nem maradt más számára, mint hogy megsemmisítse magát
he wanted to smash the failure into which he had shaped his life
el akarta törni azt a kudarcot, amelybe az életét formálta
he wanted to throw his life before the feet of mockingly laughing gods
életét gúnyosan nevető istenek lába elé akarta dobni
This was the great vomiting he had longed for; death
Ez volt az a nagy hányás, amire vágyott; halál
the smashing to bits of the form he hated
az általa utált forma darabokra törését

Let him be food for fishes and crocodiles
Legyen eledel halaknak és krokodiloknak
Siddhartha the dog, a lunatic
Sziddhárta, a kutya, egy őrült
a depraved and rotten body; a weakened and abused soul!
romlott és korhadt test; legyengült és bántalmazott lélek!
let him be chopped to bits by the daemons
hadd darabolják darabokra a démonok
With a distorted face, he stared into the water
Eltorzult arccal meredt a vízbe
he saw the reflection of his face and spat at it
meglátta arcának tükörképét, és ráköpött
In deep tiredness, he took his arm away from the trunk of the tree
Mély fáradtságában elvette a karját a fa törzsétől
he turned a bit, in order to let himself fall straight down
kicsit megfordult, hogy egyenesen leessen
in order to finally drown in the river
hogy végre belefulladjon a folyóba
With his eyes closed, he slipped towards death
Csukott szemmel a halál felé suhant
Then, out of remote areas of his soul, a sound stirred up
Aztán lelke távoli területein egy hang felkavart
a sound stirred up out of past times of his now weary life
egy hang felkavart mára fáradt életének elmúlt időszakaiból
It was a singular word, a single syllable
Egyedülálló szó volt, egyetlen szótag
without thinking he spoke the voice to himself
gondolkodás nélkül kimondta magában a hangot
he slurred the beginning and the end of all prayers of the Brahmans
elmosta a brahmanok minden imájának kezdetét és végét
he spoke the holy Om
a szent Om-ot mondta
"that what is perfect" or "the completion"
"az, ami tökéletes" vagy "a befejezés"

And in the moment he realized the foolishness of his actions
És abban a pillanatban rádöbbent tettei ostobaságára
the sound of Om touched Siddhartha's ear
Om hangja megérintette Sziddhárta fülét
his dormant spirit suddenly woke up
szunnyadó szelleme hirtelen felébredt
Siddhartha was deeply shocked
Sziddhárta mélyen megdöbbent
he saw this was how things were with him
látta, hogy ilyenek a dolgok vele
he was so doomed that he had been able to seek death
annyira el volt ítélve, hogy képes volt a halált keresni
he had lost his way so much that he wished the end
annyira eltévedt, hogy a végét kívánta
the wish of a child had been able to grow in him
a gyermek vágya növekedhetett benne
he had wished to find rest by annihilating his body!
úgy akart nyugalmat találni, hogy megsemmisíti a testét!
all the agony of recent times
az utóbbi idők összes kínja
all sobering realizations that his life had created
minden kijózanító felismerés, amit élete teremtett
all the desperation that he had felt
mindaz a kétségbeesés, amit érzett
these things did not bring about this moment
ezek a dolgok nem idézték elő ezt a pillanatot
when the Om entered his consciousness he became aware of himself
amikor az Om belépett a tudatába, tudatára ébredt önmagának
he realized his misery and his error
rájött nyomorúságára és tévedésére
Om! he spoke to himself
Ó! magában beszélt
Om! and again he knew about Brahman
Ó! és ismét tudott Brahmanról

Om! he knew about the indestructibility of life
Ó! tudott az élet elpusztíthatatlanságáról
Om! he knew about all that is divine, which he had forgotten
Ó! tudott mindenről, ami isteni, amit elfelejtett
But this was only a moment that flashed before him
De ez csak egy pillanat volt, ami felvillant előtte
By the foot of the coconut-tree, Siddhartha collapsed
A kókuszfa lábánál Siddhartha összeesett
he was struck down by tiredness
levert a fáradtság
mumbling "Om", he placed his head on the root of the tree
"Om"-ot motyogva a fa gyökerére tette a fejét
and he fell into a deep sleep
és mély álomba merült
Deep was his sleep, and without dreams
Mély volt az álma, és álmok nélkül
for a long time he had not known such a sleep any more
sokáig nem ismerte már az ilyen alvást

When he woke up after many hours, he felt as if ten years had passed
Amikor sok óra után felébredt, úgy érezte, mintha tíz év telt volna el
he heard the water quietly flowing
hallotta, hogy a víz csendesen folyik
he did not know where he was
nem tudta, hol van
and he did not know who had brought him here
és nem tudta, ki hozta ide
he opened his eyes and looked with astonishment
kinyitotta a szemét, és döbbenten nézett
there were trees and the sky above him
fák voltak és az ég fölötte
he remembered where he was and how he got here
eszébe jutott, hol volt és hogyan került ide

But it took him a long while for this
De ehhez sokáig tartott
the past seemed to him as if it had been covered by a veil
a múlt úgy tűnt számára, mintha fátyol borította volna
infinitely distant, infinitely far away, infinitely meaningless
végtelenül távoli, végtelenül távoli, végtelenül értelmetlen
He only knew that his previous life had been abandoned
Csak azt tudta, hogy előző életét elhagyták
this past life seemed to him like a very old, previous incarnation
ez az elmúlt élet egy nagyon régi, korábbi inkarnációnak tűnt számára
this past life felt like a pre-birth of his present self
ezt az elmúlt életet jelenlegi énjének születése előttinek érezte
full of disgust and wretchedness, he had intended to throw his life away
undorral és nyomorultsággal teli szándéka volt, hogy eldobja az életét
he had come to his senses by a river, under a coconut-tree
egy folyó mellett tért magához, egy kókuszfa alatt
the holy word "Om" was on his lips
az „Om" szent szó volt az ajkán
he had fallen asleep and had now woken up
elaludt, és most felébredt
he was looking at the world as a new man
új emberként tekintett a világra
Quietly, he spoke the word "Om" to himself
Csendesen kimondta magában az „Om" szót
the "Om" he was speaking when he had fallen asleep
az "Om", amit akkor beszélt, amikor elaludt
his sleep felt like nothing more than a long meditative recitation of "Om"
alvása nem volt másnak, mint az „Om" hosszú meditatív felolvasása.
all his sleep had been a thinking of "Om"
egész alvása csak az "Om" gondolata volt.

a submergence and complete entering into "Om"
alámerülés és teljes belépés az "Om"-ba
a going into the perfected and completed
a tökéletesített és befejezettbe való belépés
What a wonderful sleep this had been!
Milyen csodálatos alvás volt ez!
he had never before been so refreshed by sleep
még soha nem frissítette fel ennyire az alvás
Perhaps, he really had died
Talán tényleg meghalt
maybe he had drowned and was reborn in a new body?
talán megfulladt, és új testben született?
But no, he knew himself and who he was
De nem, tudta magát és azt, hogy ki ő
he knew his hands and his feet
ismerte a kezét és a lábát
he knew the place where he lay
ismerte a helyet, ahol feküdt
he knew this self in his chest
a mellkasában ismerte ezt az önmagát
Siddhartha the eccentric, the weird one
Sziddhárta a különc, a fura
but this Siddhartha was nevertheless transformed
de ez a Sziddhárta ennek ellenére átalakult
he was strangely well rested and awake
furcsán jól kipihent és ébren volt
and he was joyful and curious
és örömteli volt és kíváncsi

Siddhartha straightened up and looked around
Sziddhárta felegyenesedett, és körülnézett
then he saw a person sitting opposite to him
majd meglátott egy vele szemben ülő embert
a monk in a yellow robe with a shaven head
sárga köntösben borotvált fejű szerzetes
he was sitting in the position of pondering

töprengő helyzetben ült
He observed the man, who had neither hair on his head nor a beard
Megfigyelte a férfit, akinek nem volt sem haja a fején, sem szakálla
he had not observed him for long when he recognised this monk
nem sokáig figyelte, amikor felismerte ezt a szerzetest
it was Govinda, the friend of his youth
Govinda volt, fiatalkori barátja
Govinda, who had taken his refuge with the exalted Buddha
Govinda, aki a magasztos Buddhánál keresett menedéket
Like Siddhartha, Govinda had also aged
Sziddhártához hasonlóan Govinda is megöregedett
but his face still bore the same features
de az arca még mindig ugyanazokat a vonásokat viselte
his face still expressed zeal and faithfulness
arca még mindig buzgóságot és hűséget tükrözött
you could see he was still searching, but timidly
láthatta, hogy még mindig keres, de félénken
Govinda sensed his gaze, opened his eyes, and looked at him
Govinda megérezte a tekintetét, kinyitotta a szemét, és ránézett
Siddhartha saw that Govinda did not recognise him
Sziddhárta látta, hogy Govinda nem ismerte fel
Govinda was happy to find him awake
Govinda örült, hogy ébren találta
apparently, he had been sitting here for a long time
úgy tűnik, már régóta itt ült
he had been waiting for him to wake up
már várta, hogy felébredjen
he waited, although he did not know him
várt, bár nem ismerte
"I have been sleeping" said Siddhartha
– Aludtam – mondta Sziddhárta

"How did you get here?"
– Hogy kerültél ide?
"You have been sleeping" answered Govinda
– Aludtál – válaszolta Govinda
"It is not good to be sleeping in such places"
"Nem jó ilyen helyen aludni"
"snakes and the animals of the forest have their paths here"
"Itt járnak a kígyók és az erdő állatai"
"I, oh sir, am a follower of the exalted Gotama"
"Én, uram, a magasztos Gótama követője vagyok"
"I was on a pilgrimage on this path"
"Ezen az úton zarándokoltam"
"I saw you lying and sleeping in a place where it is dangerous to sleep"
"Láttalak fekve és olyan helyen aludni, ahol veszélyes aludni"
"Therefore, I sought to wake you up"
"Ezért fel akartalak ébreszteni"
"but I saw that your sleep was very deep"
"de láttam, hogy nagyon mély az alvásod"
"so I stayed behind from my group"
"így lemaradtam a csoportomból"
"and I sat with you until you woke up"
"És veled ültem, amíg fel nem ébredtél"
"And then, so it seems, I have fallen asleep myself"
"És akkor, úgy tűnik, én is elaludtam"
"I, who wanted to guard your sleep, fell asleep"
"Én, aki óvni akartam álmodat, elaludtam"
"Badly, I have served you"
"Rosszul, kiszolgáltalak"
"tiredness had overwhelmed me"
"Eluralkodott rajtam a fáradtság"
"But since you're awake, let me go to catch up with my brothers"
"De mivel ébren vagy, hadd menjek, hogy utolérjem a testvéreimet"

"I thank you, Samana, for watching out over my sleep" spoke Siddhartha
„Köszönöm, Samana, hogy vigyáztál az alvásomra" – mondta Sziddhárta
"You're friendly, you followers of the exalted one"
"Barátságosak vagytok, a magasztos követői"
"Now you may go to them"
"Most mehetsz hozzájuk"
"I'm going, sir. May you always be in good health"
"Megyek, uram. Legyen mindig jó egészségben!"
"I thank you, Samana"
– Köszönöm, Samana
Govinda made the gesture of a salutation and said "Farewell"
Govinda köszöntő gesztust tett, és "Búcsút" mondott.
"Farewell, Govinda" said Siddhartha
– Viszlát, Govinda – mondta Sziddhárta
The monk stopped as if struck by lightning
A szerzetes megállt, mintha villámcsapott volna
"Permit me to ask, sir, from where do you know my name?"
– Engedje meg, hogy megkérdezzem, uram, honnan tudja a nevemet?
Siddhartha smiled, "I know you, oh Govinda, from your father's hut"
Sziddhárta elmosolyodott: "Ismerlek, ó, Govinda, apád kunyhójából."
"and I know you from the school of the Brahmans"
"És a brahmanok iskolájából ismerlek"
"and I know you from the offerings"
"És a felajánlásokból ismerlek"
"and I know you from our walk to the Samanas"
"És ismerlek a Samanasba tett sétánkról"
"and I know you from when you took refuge with the exalted one"
"És onnan ismerlek, amikor menedéket kerestél a Magasztoshoz"

"You're Siddhartha," Govinda exclaimed loudly, "Now, I recognise you"
– Te vagy Sziddhárta – kiáltott fel Govinda hangosan –, most már felismerlek.
"I don't comprehend how I couldn't recognise you right away"
"Nem értem, hogy nem ismertelek fel azonnal"
"Siddhartha, my joy is great to see you again"
"Sziddhárta, nagyon örülök, hogy újra látlak"
"It also gives me joy, to see you again" spoke Siddhartha
„Örömmel tölt el, hogy újra látlak" – mondta Sziddhárta
"You've been the guard of my sleep"
"Te voltál álmom őrzője"
"again, I thank you for this"
"Még egyszer köszönöm ezt"
"but I wouldn't have required any guard"
"de nem igényeltem volna őrt"
"Where are you going to, oh friend?"
– Hová mész, barátom?
"I'm going nowhere," answered Govinda
– Nem megyek sehova – válaszolta Govinda
"We monks are always travelling"
"Mi szerzetesek mindig utazunk"
"whenever it is not the rainy season, we move from one place to another"
"Ha nem esős évszak van, egyik helyről a másikra költözünk"
"we live according to the rules of the teachings passed on to us"
"a ránk átadott tanítások szabályai szerint élünk"
"we accept alms, and then we move on"
"alamizsnát elfogadunk, aztán továbbmegyünk"
"It is always like this"
"Mindig ilyen"
"But you, Siddhartha, where are you going to?"
– De te, Sziddhárta, hova mész?
"for me it is as it is with you"

"Számomra úgy van, ahogy veled"
"I'm going nowhere; I'm just travelling"
"Nem megyek sehova, csak utazom"
"I'm also on a pilgrimage"
"Én is zarándokúton vagyok"
Govinda spoke "You say you're on a pilgrimage, and I believe you"
Govinda megszólalt: „Azt mondod, zarándokúton vagy, és én hiszek neked"
"But, forgive me, oh Siddhartha, you do not look like a pilgrim"
"De bocsáss meg, ó, Sziddhárta, nem úgy nézel ki, mint egy zarándok."
"You're wearing a rich man's garments"
"Te gazdag ember ruháit viseled"
"you're wearing the shoes of a distinguished gentleman"
"Egy előkelő úriember cipőjét viseled"
"and your hair, with the fragrance of perfume, is not a pilgrim's hair"
"és a parfüm illatú hajad nem zarándokhaj"
"you do not have the hair of a Samana"
"nem olyan a hajad, mint egy Samana"
"you are right, my dear"
"Igazad van, kedvesem"
"you have observed things well"
"jól megfigyelted a dolgokat"
"your keen eyes see everything"
"éles szemed mindent lát"
"But I haven't said to you that I was a Samana"
"De én nem mondtam neked, hogy Samana vagyok"
"I said I'm on a pilgrimage"
"Azt mondtam, hogy zarándokúton vagyok"
"And so it is, I'm on a pilgrimage"
"És így van, zarándokúton vagyok"
"You're on a pilgrimage" said Govinda
– Zarándokúton vagy – mondta Govinda

"But few would go on a pilgrimage in such clothes"
"De kevesen mennének zarándoklatra ilyen ruhában"
"few would pilger in such shoes"
"kevesen zarándokolnának ilyen cipőben"
"and few pilgrims have such hair"
"és kevés zarándoknak van ilyen haja"
"I have never met such a pilgrim"
"Soha nem találkoztam ilyen zarándokokkal"
"and I have been a pilgrim for many years"
"És sok éve zarándok vagyok"
"I believe you, my dear Govinda"
"Hiszek neked, kedves Govinda"
"But now, today, you've met a pilgrim just like this"
"De most, ma találkoztál egy ilyen zarándoktal"
"a pilgrim wearing these kinds of shoes and garment"
"egy zarándok, aki ilyen cipőt és ruhát visel"
"Remember, my dear, the world of appearances is not eternal"
"Ne feledd, kedvesem, a látszat világa nem örök"
"our shoes and garments are anything but eternal"
"Cipőnk és ruhánk minden, csak nem örök"
"our hair and bodies are not eternal either"
"a hajunk és a testünk sem örök"
I'm wearing a rich man's clothes"
gazdag ember ruhája van rajtam"
"you've seen this quite right"
"Ezt nagyon jól láttad"
"I'm wearing them, because I have been a rich man"
"Azt hordom, mert gazdag ember voltam"
"and I'm wearing my hair like the worldly and lustful people"
"És úgy hordom a hajam, mint a világi és buja emberek"
"because I have been one of them"
"mert én is közéjük tartoztam"
"And what are you now, Siddhartha?" Govinda asked
– És most mi vagy, Sziddhárta? – kérdezte Govinda

"I don't know it, just like you"
"Én nem tudom, mint te"
"I was a rich man, and now I am not a rich man anymore"
"Gazdag ember voltam, és most már nem vagyok gazdag ember"
"and what I'll be tomorrow, I don't know"
"És mi leszek holnap, nem tudom"
"You've lost your riches?" asked Govinda
– Elvesztette a gazdagságát? kérdezte Govinda
"I've lost my riches, or they have lost me"
"Én elvesztettem a gazdagságaimat, vagy ők vesztettek el engem"
"My riches somehow happened to slip away from me"
"A gazdagságom valahogy kicsúszott rólam"
"The wheel of physical manifestations is turning quickly, Govinda"
"A fizikai megnyilvánulások kereke gyorsan forog, Govinda"
"Where is Siddhartha the Brahman?"
– Hol van Sziddhárta, a Brahman?
"Where is Siddhartha the Samana?"
– Hol van Sziddhárta, a Samana?
"Where is Siddhartha the rich man?"
– Hol van Sziddhárta, a gazdag ember?
"Non-eternal things change quickly, Govinda, you know it"
"A nem örökkévaló dolgok gyorsan változnak, Govinda, te tudod"
Govinda looked at the friend of his youth for a long time
Govinda hosszan nézte ifjúkori barátját
he looked at him with doubt in his eyes
– nézett rá kételyekkel a szemében
After that, he gave him the salutation which one would use on a gentleman
Ezt követően üdvözölte, amit egy úriemberen használna
and he went on his way, and continued his pilgrimage
ő pedig továbbment, és folytatta zarándokútját
With a smiling face, Siddhartha watched him leave

Sziddhárta mosolygó arccal nézte, ahogy távozik
he loved him still, this faithful, fearful man
még mindig szerette őt, ezt a hűséges, félelmetes embert
how could he not have loved everybody and everything in this moment?
hogy nem szeretett mindenkit és mindent ebben a pillanatban?
in the glorious hour after his wonderful sleep, filled with Om!
csodálatos álma utáni dicső órában, tele Om!
The enchantment, which had happened inside of him in his sleep
A varázslat, ami álmában történt benne
this enchantment was everything that he loved
ez a varázs volt minden, amit szeretett
he was full of joyful love for everything he saw
tele volt örömteli szeretettel minden iránt, amit látott
exactly this had been his sickness before
pontosan ez volt a betegsége korábban
he had not been able to love anybody or anything
nem volt képes szeretni senkit és semmit
With a smiling face, Siddhartha watched the leaving monk
Sziddhárta mosolygó arccal figyelte a távozó szerzetest

The sleep had strengthened him a lot
Az alvás nagyon megerősítette
but hunger gave him great pain
de az éhség nagy fájdalmat okozott neki
by now he had not eaten for two days
mostanra már két napja nem evett
the times were long past when he could resist such hunger
rég elmúltak az idők, amikor ellenállhatott az éhségnek
With sadness, and yet also with a smile, he thought of that time
Szomorúan, de ugyanakkor mosolyogva gondolt arra az időre
In those days, so he remembered, he had boasted of three things to Kamala

Abban az időben, úgy emlékezett, három dologgal dicsekedett Kamalának
he had been able to do three noble and undefeatable feats
három nemes és legyőzhetetlen bravúrra volt képes
he was able to fast, wait, and think
képes volt böjtölni, várni és gondolkodni
These had been his possessions; his power and strength
Ezek voltak az ő javai; hatalmát és erejét
in the busy, laborious years of his youth, he had learned these three feats
ifjúkorának mozgalmas, fáradságos éveiben megtanulta ezt a három bravúrt
And now, his feats had abandoned him
És most bravúrjai elhagyták
none of his feats were his any more
egyik bravúrja sem volt többé az övé
neither fasting, nor waiting, nor thinking
se böjt, se várakozás, se gondolkodás
he had given them up for the most wretched things
a legnyomorultabb dolgokért adta fel őket
what is it that fades most quickly?
mi az, ami a leggyorsabban elhalványul?
sensual lust, the good life, and riches!
érzéki vágy, jó élet és gazdagság!
His life had indeed been strange
Az élete valóban furcsa volt
And now, so it seemed, he had really become a childlike person
És most, úgy tűnt, valóban gyermeki ember lett
Siddhartha thought about his situation
Sziddhárta elgondolkodott a helyzetén
Thinking was hard for him now
A gondolkodás most nehéz volt számára
he did not really feel like thinking
nem igazán volt kedve gondolkodni
but he forced himself to think

de gondolkodásra kényszerítette magát
"all these most easily perishing things have slipped from me"
"ezek a legkönnyebben elpusztuló dolgok mind kikerültek rólam"
"again, now I'm standing here under the sun"
"Ismét, most itt állok a nap alatt"
"I am standing here just like a little child"
"Úgy állok itt, mint egy kisgyerek"
"nothing is mine, I have no abilities"
"Semmi sem az enyém, nincsenek képességeim"
"there is nothing I could bring about"
"nincs semmi, amit elő tudnék hozni"
"I have learned nothing from my life"
"Semmit sem tanultam az életemből"
"How wondrous all of this is!"
– Milyen csodálatos ez az egész!
"it's wondrous that I'm no longer young"
"Csoda, hogy már nem vagyok fiatal"
"my hair is already half gray and my strength is fading"
"A hajam már félig őszült és az erőm halványul"
"and now I'm starting again at the beginning, as a child!"
"és most újra kezdem az elején, gyerekként!"
Again, he had to smile to himself
Megint mosolyognia kellett magában
Yes, his fate had been strange!
Igen, furcsa volt a sorsa!
Things were going downhill with him
A dolgok lefelé haladtak vele
and now he was again facing the world naked and stupid
és most ismét meztelenül és hülyén nézett szembe a világgal
But he could not feel sad about this
De ettől nem tudott szomorú lenni
no, he even felt a great urge to laugh
nem, még a nevetésre is nagy késztetést érzett
he felt an urge to laugh about himself

késztetést érzett arra, hogy elnevesse magát
he felt an urge to laugh about this strange, foolish world
késztetést érzett, hogy nevetjen ezen a különös, ostoba világon
"Things are going downhill with you!" he said to himself
– Lefelé mennek veled a dolgok! – mondta magában
and he laughed about his situation
és nevetett a helyzetén
as he was saying it he happened to glance at the river
miközben mondta, véletlenül a folyóra pillantott
and he also saw the river going downhill
és látta a folyót is lefelé haladva
it was singing and being happy about everything
éneklés volt és mindennek örülni
He liked this, and kindly he smiled at the river
Ez tetszett neki, és kedvesen rámosolygott a folyóra
Was this not the river in which he had intended to drown himself?
Nem ez volt az a folyó, amelybe bele akarta fulladni?
in past times, a hundred years ago
az elmúlt időkben, száz évvel ezelőtt
or had he dreamed this?
vagy ezt álmodta?
"Wondrous indeed was my life" he thought
„Valóban csodálatos volt az életem" – gondolta
"my life has taken wondrous detours"
"Az életem csodálatos kitérőket hozott"
"As a boy, I only dealt with gods and offerings"
"Fiúként csak istenekkel és felajánlásokkal foglalkoztam"
"As a youth, I only dealt with asceticism"
"Fiatalkoromban csak az aszkézissel foglalkoztam"
"I spent my time in thinking and meditation"
"Gondolkodással és meditációval töltöttem az időmet"
"I was searching for Brahman
„Brahmant kerestem
and I worshipped the eternal in the Atman"
"és imádtam az örökkévalót az Atmanban"

"But as a young man, I followed the penitents"
"De fiatalon követtem a bűnbánókat"
"I lived in the forest and suffered heat and frost"
"Erdőben éltem, és szenvedtem a hőségtől és a fagytól"
"there I learned how to overcome hunger"
"Ott megtanultam, hogyan kell legyőzni az éhséget"
"and I taught my body to become dead"
"és megtanítottam a testemet, hogy halottá váljon"
"Wonderfully, soon afterwards, insight came towards me"
"Csodálatos módon nem sokkal később megláttam magam."
"insight in the form of the great Buddha's teachings"
"betekintés a nagy Buddha tanításainak formájában"
"I felt the knowledge of the oneness of the world"
"Éreztem a világ egységének ismeretét"
"I felt it circling in me like my own blood"
"Éreztem, hogy úgy kering bennem, mint a saját vérem"
"But I also had to leave Buddha and the great knowledge"
"De el kellett hagynom Buddhát és a nagy tudást is"
"I went and learned the art of love with Kamala"
"Elmentem és megtanultam a szerelem művészetét Kamalával"
"I learned trading and business with Kamaswami"
"Kamaswamival tanultam kereskedelmet és üzletet"
"I piled up money, and wasted it again"
"Pénzt halmoztam fel, és megint elpazaroltam"
"I learned to love my stomach and please my senses"
"Megtanultam szeretni a gyomrom, és tetszeni az érzékeimnek"
"I had to spend many years losing my spirit"
"Sok évet kellett töltenem azzal, hogy elveszítsem a lelkem"
"and I had to unlearn thinking again"
"és újra meg kellett tanulnom a gondolkodást"
"there I had forgotten the oneness"
"ott elfelejtettem az egységet"
"Isn't it just as if I had turned slowly from a man into a child"?

"Nem olyan, mintha férfiból lassan gyerek lettem volna"?
"from a thinker into a childlike person"
"gondolkodóból gyermeki emberré"
"And yet, this path has been very good"
"És ez az út nagyon jó volt"
"and yet, the bird in my chest has not died"
"És mégsem halt meg a madár a mellkasomban"
"what a path has this been!"
– micsoda út volt ez!
"I had to pass through so much stupidity"
"Annyi hülyeséget kellett átélnem"
"I had to pass through so much vice"
"Annyi rosszon kellett keresztülmennem"
"I had to make so many errors"
"Annyi hibát kellett elkövetnem"
"I had to feel so much disgust and disappointment"
"Annyi undort és csalódást kellett éreznem"
"I had to do all this to become a child again"
"Mindent meg kellett tennem, hogy újra gyerek legyek"
"and then I could start over again"
"és akkor kezdhetném elölről"
"But it was the right way to do it"
"De ez volt a helyes módszer"
"my heart says yes to it and my eyes smile to it"
"a szívem igent mond rá, és a szemem mosolyog rá"
"I've had to experience despair"
"Meg kellett tapasztalnom a kétségbeesést"
"I've had to sink down to the most foolish of all thoughts"
"Le kellett süllyednem a legostobább gondolatokba"
"I've had to think to the thoughts of suicide"
"El kellett gondolkodnom az öngyilkossági gondolatokon"
"only then would I be able to experience divine grace"
"Csak akkor tapasztalhatom meg az isteni kegyelmet"
"only then could I hear Om again"
"csak akkor hallhattam újra Om-ot"

"only then would I be able to sleep properly and awake again"
"csak akkor tudnék újra rendesen aludni és ébren lenni"
"I had to become a fool, to find Atman in me again"
"Bolondnak kellett lennem, hogy újra megtaláljam magamban Atmant"
"I had to sin, to be able to live again"
"Vétkezni kellett, hogy újra élhessek"
"Where else might my path lead me to?"
– Hová vezethet még az utam?
"It is foolish, this path, it moves in loops"
"Bolondság ez az út, hurkokban mozog"
"perhaps it is going around in a circle"
"talán körben forog"
"Let this path go where it likes"
"Hagyd, hogy ez az út odamenjen, ahová tetszik"
"where ever this path goes, I want to follow it"
"Bárhová is vezet ez az út, azt akarom követni"
he felt joy rolling like waves in his chest
örömet érzett hullámokként guruló mellkasában
he asked his heart, "from where did you get this happiness?"
megkérdezte a szívét: "honnan szerezted ezt a boldogságot?"
"does it perhaps come from that long, good sleep?"
– Talán abból a hosszú, jó alvásból fakad?
"the sleep which has done me so much good"
"az alvás, ami annyi jót tett nekem"
"or does it come from the word Om, which I said?"
"vagy az Om szóból származik, amit mondtam?"
"Or does it come from the fact that I have escaped?"
– Vagy ez abból adódik, hogy megszöktem?
"does this happiness come from standing like a child under the sky?"
"ez a boldogság abból fakad, hogy úgy állsz, mint egy gyerek az ég alatt?"
"Oh how good is it to have fled"
"Ó, milyen jó elmenekülni"

"it is great to have become free!"
"nagyszerű dolog szabaddá válni!"
"How clean and beautiful the air here is"
"Milyen tiszta és szép itt a levegő"
"the air is good to breath"
"a levegőt jó lélegezni"
"where I ran away from everything smelled of ointments"
"ahol megszöktem mindentől kenőcsszag volt"
"spices, wine, excess, sloth"
"fűszerek, bor, felesleg, lustaság"
"How I hated this world of the rich"
"Hogy utáltam a gazdagok világát"
"I hated those who revel in fine food and the gamblers!"
– Utáltam azokat, akik a finom ételekben gyönyörködnek, és a szerencsejátékosokat!
"I hated myself for staying in this terrible world for so long!
„Utáltam magam, amiért ilyen sokáig maradtam ebben a szörnyű világban!
"I have deprived, poisoned, and tortured myself"
"Megfosztottam, megmérgeztem és megkínoztam magam"
"I have made myself old and evil!"
– Öreggé és gonosszá tettem magam!
"No, I will never again do the things I liked doing so much"
"Nem, soha többé nem csinálom azokat a dolgokat, amelyeket annyira szerettem csinálni"
"I won't delude myself into thinking that Siddhartha was wise!"
– Nem áltatom magam azzal, hogy Sziddhárta bölcs volt!
"But this one thing I have done well"
"De ezt az egy dolgot jól csináltam"
"this I like, this I must praise"
"ez tetszik, ezt kell dicsérnem"
"I like that there is now an end to that hatred against myself"
"Tetszik, hogy most vége az önmagam elleni gyűlöletnek"
"there is an end to that foolish and dreary life!"
"Vége van ennek az ostoba és sivár életnek!"

"I praise you, Siddhartha, after so many years of foolishness"
"Dicsérlek, Sziddhárta, annyi év bolondság után"
"you have once again had an idea"
"megint van egy ötleted"
"you have heard the bird in your chest singing"
"Hallottad a madarat a mellkasodban énekelni"
"and you followed the song of the bird!"
– és követted a madár énekét!
with these thoughts he praised himself
ezekkel a gondolatokkal dicsérte magát
he had found joy in himself again
ismét örömet talált magában
he listened curiously to his stomach rumbling with hunger
kíváncsian hallgatta az éhségtől korgó gyomrát
he had tasted and spat out a piece of suffering and misery
megkóstolta és kiköpte a szenvedés és a nyomor egy darabját
in these recent times and days, this is how he felt
ezekben az elmúlt időkben és napokban ezt érezte
he had devoured it up to the point of desperation and death
egészen a kétségbeesésig és a halálig felfalta
how everything had happened was good
ahogy minden történt, az jó volt
he could have stayed with Kamaswami for much longer
sokkal tovább maradhatott volna Kamaswamival
he could have made more money, and then wasted it
több pénzt is kereshetett volna, aztán elpazarolta volna
he could have filled his stomach and let his soul die of thirst
megtölthette volna a gyomrát, és hagyhatta volna szomjan halni a lelkét
he could have lived in this soft upholstered hell much longer
sokkal tovább élhetett volna ebben a puha kárpitozott pokolban
if this had not happened, he would have continued this life
ha ez nem történt volna, folytatta volna ezt az életet
the moment of complete hopelessness and despair

a teljes reménytelenség és kétségbeesés pillanata
the most extreme moment when he hung over the rushing waters
a legszélsőségesebb pillanat, amikor a hömpölygő vizek fölött lógott
the moment he was ready to destroy himself
abban a pillanatban, amikor készen állt arra, hogy elpusztítsa önmagát
the moment he had felt this despair and deep disgust
abban a pillanatban, amikor érezte ezt a kétségbeesést és mély undort
he had not succumbed to it
nem engedett neki
the bird was still alive after all
a madár végül is élt
this was why he felt joy and laughed
ezért érzett örömet és nevetett
this was why his face was smiling brightly under his hair
ezért mosolygott az arca ragyogóan a haja alatt
his hair which had now turned gray
a haját, amely mostanra őszült
"It is good," he thought, "to get a taste of everything for oneself"
„Jó dolog – gondolta –, ha mindenbe belekóstolhat magának.
"everything which one needs to know"
"minden, amit tudnia kell"
"lust for the world and riches do not belong to the good things"
"A világ iránti vágy és a gazdagság nem tartozik a jó dolgok közé"
"I have already learned this as a child"
"Ezt már gyerekként tanultam"
"I have known it for a long time"
"Régóta ismerem"
"but I hadn't experienced it until now"
"de ezt eddig nem tapasztaltam"

"And now that I I've experienced it I know it"
"És most, hogy megtapasztaltam, tudom"
"I don't just know it in my memory, but in my eyes, heart, and stomach"
"Nem csak az emlékezetemben ismerem, hanem a szememben, a szívemben és a gyomromban is."
"it is good for me to know this!"
– Jó, ha ezt tudom!

For a long time, he pondered his transformation
Sokáig töprengett az átalakulásán
he listened to the bird, as it sang for joy
hallgatta a madarat, amint az örömében énekel
Had this bird not died in him?
Nem halt volna bele ez a madár?
had he not felt this bird's death?
nem érezte ennek a madárnak a halálát?
No, something else from within him had died
Nem, valami más is meghalt benne
something which yearned to die had died
meghalt valami, ami halálra vágyott
Was it not this that he used to intend to kill?
Nem ez volt az, amit korábban meg akart ölni?
Was it not his his small, frightened, and proud self that had died?
Nem az ő kicsi, ijedt és büszke énje halt meg?
he had wrestled with his self for so many years
oly sok éven át birkózott önmagával
the self which had defeated him again and again
az én, amely újra és újra legyőzte őt
the self which was back again after every killing
az én, amely minden gyilkosság után újra visszatért
the self which prohibited joy and felt fear?
az én, amely megtiltotta az örömöt és félelmet?
Was it not this self which today had finally come to its death?

Nem ez az én, amely ma végre meghalt?
here in the forest, by this lovely river
itt az erdőben, e szép folyó mellett
Was it not due to this death, that he was now like a child?
Nem ennek a halálnak köszönhető, hogy most olyan volt, mint egy gyerek?
so full of trust and joy, without fear
olyan bizalommal és örömmel, félelem nélkül
Now Siddhartha also got some idea of why he had fought this self in vain
Most Siddhartha is kapott némi fogalmat arról, miért küzdött hiába ezzel az önmagával
he knew why he couldn't fight his self as a Brahman
tudta, miért nem tud harcolni önmagával, mint brahmannal
Too much knowledge had held him back
A túl sok tudás visszatartotta
too many holy verses, sacrificial rules, and self-castigation
túl sok szent vers, áldozati szabályok és önmarcangolás
all these things held him back
mindezek visszatartották
so much doing and striving for that goal!
mennyit teszel és törekszel e célért!
he had been full of arrogance
tele volt arroganciával
he was always the smartest
mindig ő volt a legokosabb
he was always working the most
mindig ő dolgozott a legtöbbet
he had always been one step ahead of all others
mindig egy lépéssel mindenki előtt járt
he was always the knowing and spiritual one
mindig ő volt a tudó és spirituális
he was always considered the priest or wise one
mindig őt tartották papnak vagy bölcsnek
his self had retreated into being a priest, arrogance, and spirituality

énje pappá vonult vissza, arrogancia és spiritualitás
there it sat firmly and grew all this time
ott szilárdan ült és egész idő alatt nőtt
and he had thought he could kill it by fasting
és azt hitte, megölheti a koplalással
Now he saw his life as it had become
Most olyannak látta az életét, amilyenné vált
he saw that the secret voice had been right
látta, hogy a titkos hangnak igaza volt
no teacher would ever have been able to bring about his salvation
egyetlen tanító sem tudta volna elérni az üdvösségét
Therefore, he had to go out into the world
Ezért ki kellett mennie a világba
he had to lose himself to lust and power
el kellett veszítenie magát a vágy és a hatalom előtt
he had to lose himself to women and money
nőnek és pénznek kellett elveszítenie magát
he had to become a merchant, a dice-gambler, a drinker
kereskedővé, kockajátékossá, ivóvá kellett válnia
and he had to become a greedy person
és kapzsi emberré kellett válnia
he had to do this until the priest and Samana in him was dead
ezt addig kellett tennie, amíg a pap és a benne lévő Samana meg nem halt
Therefore, he had to continue bearing these ugly years
Ezért tovább kellett viselnie ezeket a csúnya éveket
he had to bear the disgust and the teachings
viselnie kellett az undort és a tanításokat
he had to bear the pointlessness of a dreary and wasted life
el kellett viselnie a sivár és elvesztegetett élet értelmetlenségét
he had to conclude it up to its bitter end
a keserű végéig kellett levonnia
he had to do this until Siddhartha the lustful could also die

ezt addig kellett tennie, amíg Sziddhárta, a kéjes is meg nem halt
He had died and a new Siddhartha had woken up from the sleep
Meghalt, és egy új Sziddhárta ébredt fel álmából
this new Siddhartha would also grow old
ez az új Sziddhárta is megöregedne
he would also have to die eventually
végül neki is meg kell halnia
Siddhartha was still mortal, as is every physical form
Sziddhárta még mindig halandó volt, mint minden fizikai forma
But today he was young and a child and full of joy
De ma fiatal volt, gyermek és tele örömmel
He thought these thoughts to himself
Ezeket a gondolatokat gondolta magában
he listened with a smile to his stomach
gyomra mosollyal hallgatta
he listened gratefully to a buzzing bee
hálásan hallgatott egy zümmögő méhecskét
Cheerfully, he looked into the rushing river
Vidáman nézett a zúgó folyóba
he had never before liked a water as much as this one
még soha nem szerette annyira a vizet, mint ezt
he had never before perceived the voice so stronger
még soha nem érzékelte ennyire erősebben a hangot
he had never understood the parable of the moving water so strongly
még soha nem értette ilyen erősen a mozgó víz példázatát
he had never before noticed how beautifully the river moved
még soha nem vette észre, milyen szépen mozog a folyó
It seemed to him, as if the river had something special to tell him
Úgy tűnt neki, mintha a folyónak valami különleges mondanivalója lenne

something he did not know yet, which was still awaiting him
valamit, amit még nem tudott, ami még mindig várt rá
In this river, Siddhartha had intended to drown himself
Ebben a folyóban Sziddhárta meg akarta fulladni
in this river the old, tired, desperate Siddhartha had drowned today
ebbe a folyóba fulladt ma az öreg, fáradt, kétségbeesett Sziddhárta
But the new Siddhartha felt a deep love for this rushing water
De az új Sziddhárta mély szeretetet érzett e rohanó víz iránt
and he decided for himself, not to leave it very soon
és úgy döntött, nem hagyja el nagyon hamar

The Ferryman
A Révész

"By this river I want to stay," thought Siddhartha
„Ennél a folyónál szeretnék maradni" – gondolta Sziddhárta
"it is the same river which I have crossed a long time ago"
"Ez ugyanaz a folyó, amelyen már régen átkeltem"
"I was on my way to the childlike people"
"Úton voltam a gyermeki emberekhez"
"a friendly ferryman had guided me across the river"
"egy barátságos révész átvezetett a folyón"
"he is the one I want to go to"
"Ő az, akihez el akarok menni"
"starting out from his hut, my path led me to a new life"
"A kunyhójából kiindulva az utam egy új élethez vezetett"
"a path which had grown old and is now dead"
"egy ösvény, amely megöregedett és most halott"
"my present path shall also take its start there!"
"az én jelenlegi utam is ott kezdődik!"
Tenderly, he looked into the rushing water
Gyengéden belenézett a hömpölygő vízbe
he looked into the transparent green lines the water drew
belenézett a víz által rajzolt átlátszó zöld vonalakba
the crystal lines of water were rich in secrets
a víz kristályvonalai titkokban gazdagok voltak
he saw bright pearls rising from the deep
fényes gyöngyöket látott emelkedni a mélyből
quiet bubbles of air floating on the reflecting surface
csendes légbuborékok lebegnek a tükröződő felületen
the blue of the sky depicted in the bubbles
a buborékokban ábrázolt égbolt kékje
the river looked at him with a thousand eyes
a folyó ezer szemmel nézett rá
the river had green eyes and white eyes
a folyónak zöld szeme volt és fehér szeme
the river had crystal eyes and sky-blue eyes

a folyónak kristályszemei és égkék szemei voltak
he loved this water very much, it delighted him
nagyon szerette ezt a vizet, elragadtatta
he was grateful to the water
hálás volt a víznek
In his heart he heard the voice talking
A szívében hallotta a beszéd hangját
"Love this water! Stay near it!"
"Szeresd ezt a vizet! Maradj a közelében!"
"Learn from the water!" his voice commanded him
– Tanulj a vízből! – parancsolta rá a hangja
Oh yes, he wanted to learn from it
Ó, igen, tanulni akart belőle
he wanted to listen to the water
a vizet akarta hallgatni
He who would understand this water's secrets
Aki megértené ennek a víznek a titkait
he would also understand many other things
sok mást is megértene
this is how it seemed to him
így tűnt neki
But out of all secrets of the river, today he only saw one
De a folyó minden titkából ma csak egyet látott
this secret touched his soul
ez a titok megérintette a lelkét
this water ran and ran, incessantly
ez a víz folyt és szaladt, szüntelenül
the water ran, but nevertheless it was always there
a víz folyt, de ennek ellenére mindig ott volt
the water always, at all times, was the same
a víz mindig, mindenkor ugyanaz volt
and at the same time it was new in every moment
és ugyanakkor minden pillanatban új volt
he who could grasp this would be great
aki ezt fel tudná fogni, az nagyszerű lenne
but he didn't understand or grasp it

de nem értette és nem fogta fel
he only felt some idea of it stirring
csak valami ötletet érzett, hogy felkavar
it was like a distant memory, a divine voices
olyan volt, mint egy távoli emlék, egy isteni hang

Siddhartha rose as the workings of hunger in his body became unbearable
Sziddhárta felemelkedett, ahogy az éhség működése elviselhetetlenné vált testében
In a daze he walked further away from the city
Kábultan ment távolabb a várostól
he walked up the river along the path by the bank
felsétált a folyón a part menti ösvényen
he listened to the current of the water
hallgatta a víz sodrását
he listened to the rumbling hunger in his body
hallgatta a testében dübörgő éhséget
When he reached the ferry, the boat was just arriving
Amikor a komphoz ért, a hajó éppen megérkezett
the same ferryman who had once transported the young Samana across the river
ugyanaz a révész, aki egykor a fiatal Samanát szállította át a folyón
he stood in the boat and Siddhartha recognised him
a csónakban állt, és Sziddhárta felismerte
he had also aged very much
ő is nagyon megöregedett
the ferryman was astonished to see such an elegant man walking on foot
a révész elképedt, amikor egy ilyen elegáns férfit látott gyalogosan
"Would you like to ferry me over?" he asked
– Szeretnél átszállítani engem? – kérdezte
he took him into his boat and pushed it off the bank
bevitte a csónakjába, és lelökte a partról

"It's a beautiful life you have chosen for yourself" the passenger spoke
„Szép életet választottál magadnak" – mondta az utas
"It must be beautiful to live by this water every day"
"Gyönyörű lehet minden nap ennél a víznél élni"
"and it must be beautiful to cruise on it on the river"
"és biztos szép lehet rajta cirkálni a folyón"
With a smile, the man at the oar moved from side to side
Az evezőnél ülő férfi mosolyogva mozgott egyik oldalról a másikra
"It is as beautiful as you say, sir"
– Olyan szép, mint mondod, uram.
"But isn't every life and all work beautiful?"
– De hát nem szép minden élet és minden munka?
"This may be true" replied Siddhartha
„Ez igaz" – válaszolta Sziddhárta
"But I envy you for your life"
"De irigyellek az életedért"
"Ah, you would soon stop enjoying it"
"Ah, hamarosan abbahagynád az élvezetet"
"This is no work for people wearing fine clothes"
"Ez nem szép ruhát viselőknek való munka"
Siddhartha laughed at the observation
Sziddhárta felnevetett a megfigyelésen
"Once before, I have been looked upon today because of my clothes"
"Egyszer régen, ma a ruhám miatt néztek rám"
"I have been looked upon with distrust"
"Bizalommal néztek rám"
"they are a nuisance to me"
"zavarnak engem"
"Wouldn't you, ferryman, like to accept these clothes"
– Nem fogadnád el, révész, ezeket a ruhákat?
"because you must know, I have no money to pay your fare"
"Mert tudnod kell, nincs pénzem, hogy kifizessem a viteldíjat"
"You're joking, sir," the ferryman laughed

– Viccel, uram – nevetett a révész
"I'm not joking, friend"
– Nem viccelek, barátom!
"once before you have ferried me across this water in your boat"
"Egyszer azelőtt átvittél ezen a vízen a csónakodban"
"you did it for the immaterial reward of a good deed"
"egy jó cselekedet anyagi jutalmáért tetted"
"ferry me across the river and accept my clothes for it"
"Vigyél át a folyón, és fogadd el érte a ruháimat"
"And do you, sir, intent to continue travelling without clothes?"
– És ön, uram, szándékában áll ruha nélkül tovább utazni?
"Ah, most of all I wouldn't want to continue travelling at all"
"Ah, legfőképpen nem szeretnék tovább utazni"
"I would rather you gave me an old loincloth"
"Inkább adnál nekem egy régi ágyékkötőt"
"I would like it if you kept me with you as your assistant"
"Szeretném, ha magadnál tartanál asszisztensként"
"or rather, I would like if you accepted me as your trainee"
"vagy inkább azt szeretném, ha elfogadna a gyakornokodnak"
"because first I'll have to learn how to handle the boat"
"mert először meg kell tanulnom kezelni a hajót"
For a long time, the ferryman looked at the stranger
A révész sokáig nézte az idegent
he was searching in his memory for this strange man
emlékezetében kereste ezt a különös férfit
"Now I recognise you," he finally said
– Most már felismertelek – mondta végül
"At one time, you've slept in my hut"
"Egy időben aludtál a kunyhómban"
"this was a long time ago, possibly more than twenty years"
"ez nagyon régen volt, talán több mint húsz éve"
"and you've been ferried across the river by me"
"És átvittelek téged a folyón"
"that day we parted like good friends"

"aznap úgy váltunk el, mint jó barátok"
"Haven't you been a Samana?"
– Nem voltál Samana?
"I can't think of your name anymore"
"Már nem jut eszembe a neved"
"My name is Siddhartha, and I was a Samana"
"A nevem Siddhartha, és Samana voltam"
"I had still been a Samana when you last saw me"
"Még mindig Samana voltam, amikor utoljára láttál."
"So be welcome, Siddhartha. My name is Vasudeva"
"Szóval szívesen, Sziddhárta. A nevem Vasudeva"
"You will, so I hope, be my guest today as well"
– Remélem, ma is a vendégem leszel.
"and you may sleep in my hut"
"és aludhatsz a kunyhómban"
"and you may tell me, where you're coming from"
"és megmondhatod, honnan jössz"
"and you may tell me why these beautiful clothes are such a nuisance to you"
"És elmondhatod, miért olyan kellemetlenek neked ezek a gyönyörű ruhák"
They had reached the middle of the river
Elérték a folyó közepét
Vasudeva pushed the oar with more strength
Vasudeva nagyobb erővel tolta az evezőt
in order to overcome the current
az áram leküzdése érdekében
He worked calmly, with brawny arms
Nyugodtan, izmos karral dolgozott
his eyes were fixed in on the front of the boat
szeme a csónak elejére szegeződött
Siddhartha sat and watched him
Sziddhárta ült és őt nézte
he remembered his time as a Samana
emlékezett Samana korára

he remembered how love for this man had stirred in his heart
eszébe jutott, milyen szeretet kavargott a szívében e férfi iránt
Gratefully, he accepted Vasudeva's invitation
Hálásan elfogadta Vasudeva meghívását
When they had reached the bank, he helped him to tie the boat to the stakes
Amikor a bankhoz értek, segített neki a csónakot a cövekhez kötni
after this, the ferryman asked him to enter the hut
ezek után a révész megkérte, hogy menjen be a kunyhóba
he offered him bread and water, and Siddhartha ate with eager pleasure
kenyeret és vizet kínált neki, Sziddhárta pedig mohón evett
and he also ate with eager pleasure of the mango fruits Vasudeva offered him
és mohón evett a mangógyümölcsből is, amelyet Vasudeva kínált neki

Afterwards, it was almost the time of the sunset
Utána már majdnem naplemente volt
they sat on a log by the bank
a bank melletti rönkön ültek
Siddhartha told the ferryman about where he originally came from
Sziddhárta elmesélte a révésznek, honnan származik eredetileg
he told him about his life as he had seen it today
mesélt neki az életéről, ahogyan ma látta
the way he had seen it in that hour of despair
ahogyan a kétségbeesés órájában látta
the tale of his life lasted late into the night
életének meséje késő éjszakáig tartott
Vasudeva listened with great attention
Vasudeva nagy figyelemmel hallgatta
Listening carefully, he let everything enter his mind

Figyelmesen hallgatott, mindent beengedett a fejébe
birthplace and childhood, all that learning
szülőhely és gyermekkor, minden tanulás
all that searching, all joy, all distress
minden keresés, minden öröm, minden szorongás
This was one of the greatest virtues of the ferryman
Ez volt a révész egyik legnagyobb erénye
like only a few, he knew how to listen
csak néhányan, ő is tudta, hogyan kell hallgatni
he did not have to speak a word
egy szót sem kellett szólnia
but the speaker sensed how Vasudeva let his words enter his mind
de a beszélő megérezte, hogy Vasudeva hogyan engedi be a szavait az elméjébe
his mind was quiet, open, and waiting
elméje csendes volt, nyitott és várakozó
he did not lose a single word
egyetlen szót sem vesztett
he did not await a single word with impatience
egy szót sem várt türelmetlenül
he did not add his praise or rebuke
nem tette hozzá sem dicséretét, sem szemrehányását
he was just listening, and nothing else
csak hallgatott, semmi mást
Siddhartha felt what a happy fortune it is to confess to such a listener
Sziddhárta érezte, milyen nagy szerencse egy ilyen hallgatónak gyónni
he felt fortunate to bury in his heart his own life
szerencsésnek érezte magát, hogy a szívébe temetheti saját életét
he buried his own search and suffering
eltemette saját keresését és szenvedését
he told the tale of Siddhartha's life
elmesélte Sziddhárta életének történetét

when he spoke of the tree by the river
amikor a folyó melletti fáról beszélt
when he spoke of his deep fall
amikor mély bukásáról beszélt
when he spoke of the holy Om
amikor a szent Omról beszélt
when he spoke of how he had felt such a love for the river
amikor arról beszélt, milyen szerelmet érzett a folyó iránt
the ferryman listened to these things with twice as much attention
a révész kétszer akkora figyelemmel hallgatta ezeket a dolgokat
he was entirely and completely absorbed by it
teljesen és teljesen elmerült tőle
he was listening with his eyes closed
csukott szemmel hallgatta
when Siddhartha fell silent a long silence occurred
amikor Sziddhárta elhallgatott, hosszú csend következett
then Vasudeva spoke "It is as I thought"
majd Vasudeva megszólalt: „Úgy van, ahogy gondoltam"
"The river has spoken to you"
"A folyó beszélt hozzád"
"the river is your friend as well"
"a folyó is a barátod"
"the river speaks to you as well"
"A folyó is beszél hozzád"
"That is good, that is very good"
"Ez jó, ez nagyon jó"
"Stay with me, Siddhartha, my friend"
– Maradj velem, Sziddhárta, barátom!
"I used to have a wife"
"Régen volt feleségem"
"her bed was next to mine"
"az ő ágya az enyém mellett volt"
"but she has died a long time ago"
"de ő már régen meghalt"

"for a long time, I have lived alone"
"Régóta egyedül élek"
"Now, you shall live with me"
"Most velem fogsz élni"
"there is enough space and food for both of us"
"mindkettőnknek van elég hely és ennivaló"
"I thank you," said Siddhartha
– Köszönöm – mondta Sziddhárta
"I thank you and accept"
"Köszönöm és elfogadom"
"And I also thank you for this, Vasudeva"
"És ezt is köszönöm neked, Vasudeva"
"I thank you for listening to me so well"
"Köszönöm, hogy ilyen jól meghallgattál"
"people who know how to listen are rare"
"ritka az olyan ember, aki tudja, hogyan kell hallgatni"
"I have not met a single person who knew it as well as you do"
"Egyetlen emberrel sem találkoztam, aki olyan jól tudta volna, mint te."
"I will also learn in this respect from you"
"Én is tanulok ebből a szempontból tőled"
"You will learn it," spoke Vasudeva
– Majd megtanulod – mondta Vasudeva
"but you will not learn it from me"
"de nem tanulod meg tőlem"
"The river has taught me to listen"
"A folyó megtanított hallgatni"
"you will learn to listen from the river as well"
"A folyóból is megtanulsz hallgatni"
"It knows everything, the river"
"Mindent tud, a folyó"
"everything can be learned from the river"
"A folyóból mindent meg lehet tanulni"
"See, you've already learned this from the water too"
"Lám, ezt már a vízből is megtanultad"

"you have learned that it is good to strive downwards"
"megtanultad, hogy jó lefelé törekedni"
"you have learned to sink and to seek depth"
"megtanultál süllyedni és mélységet keresni"
"The rich and elegant Siddhartha is becoming an oarsman's servant"
"A gazdag és elegáns Sziddhárta az evezős szolgája lesz"
"the learned Brahman Siddhartha becomes a ferryman"
"a tudós Brahman Siddhartha révész lesz"
"this has also been told to you by the river"
"ezt is a folyó mondta neked"
"You'll learn the other thing from it as well"
"A másik dolgot is megtanulod belőle"
Siddhartha spoke after a long pause
Siddhartha hosszú szünet után megszólalt
"What other things will I learn, Vasudeva?"
– Milyen dolgokat fogok még megtanulni, Vasudeva?
Vasudeva rose. "It is late," he said
Vasudeva felemelkedett. – Késő van – mondta
and Vasudeva proposed going to sleep
és Vasudeva aludni javasolt
"I can't tell you that other thing, oh friend"
– Azt a másikat nem mondhatom el neked, ó barátom.
"You'll learn the other thing, or perhaps you know it already"
"Megtanulod a másikat, vagy talán már tudod"
"See, I'm no learned man"
"Lám, nem vagyok tanult ember"
"I have no special skill in speaking"
"Nincs különösebb beszédkészségem"
"I also have no special skill in thinking"
"Nincs különösebb gondolkodási képességem"
"All I'm able to do is to listen and to be godly"
"Csak annyit tudok tenni, hogy hallgatok és istenfélő vagyok"
"I have learned nothing else"
"Semmi mást nem tanultam"

"If I was able to say and teach it, I might be a wise man"
"Ha képes lennék elmondani és megtanítani, bölcs ember lennék"
"but like this I am only a ferryman"
"de így én csak révész vagyok"
"and it is my task to ferry people across the river"
"És az én feladatom, hogy átszállítsam az embereket a folyón"
"I have transported many thousands of people"
"Sok ezer embert szállítottam"
"and to all of them, my river has been nothing but an obstacle"
"és mindannyiuknak a folyóm csak akadály volt"
"it was something that got in the way of their travels"
"ez volt valami, ami akadályozta az utazásaikat"
"they travelled to seek money and business"
"pénzt és üzletet keresni utaztak"
"they travelled for weddings and pilgrimages"
"esküvőre és zarándoklatra utaztak"
"and the river was obstructing their path"
"és a folyó akadályozta útjukat"
"the ferryman's job was to get them quickly across that obstacle"
"a révész feladata az volt, hogy gyorsan átvegye őket ezen az akadályon"
"But for some among thousands, a few, the river has stopped being an obstacle"
"De néhány ezrek közül néhány számára a folyó már nem jelent akadályt"
"they have heard its voice and they have listened to it"
"Hallották a hangját és hallgattak rá"
"and the river has become sacred to them"
"és a folyó szent lett számukra"
"it become sacred to them as it has become sacred to me"
"Szent lett számukra, ahogy nekem is szent lett"
"for now, let us rest, Siddhartha"
"Egyelőre pihenjünk, Sziddhárta"

Siddhartha stayed with the ferryman and learned to operate the boat
Sziddhárta a révésznél maradt, és megtanulta kezelni a hajót
when there was nothing to do at the ferry, he worked with Vasudeva in the rice-field
amikor nem volt mit csinálni a kompon, Vasudevával dolgozott a rizsföldön
he gathered wood and plucked the fruit off the banana-trees
fát gyűjtött, és leszakította a gyümölcsöt a banánfákról
He learned to build an oar and how to mend the boat
Megtanult evezőt építeni és a csónak javítását
he learned how to weave baskets and repaid the hut
megtanulta a kosarat fonni, és visszafizette a kunyhót
and he was joyful because of everything he learned
és örült mindennek, amit tanult
the days and months passed quickly
gyorsan teltek a napok, hónapok
But more than Vasudeva could teach him, he was taught by the river
De többet, mint amennyire Vasudeva meg tudta tanítani, a folyó tanította
Incessantly, he learned from the river
Szüntelenül tanult a folyóból
Most of all, he learned to listen
Legfőképpen megtanult hallgatni
he learned to pay close attention with a quiet heart
megtanult csendes szívvel nagyon odafigyelni
he learned to keep a waiting, open soul
megtanulta megőrizni a várakozó, nyitott lelket
he learned to listen without passion
megtanult szenvedély nélkül hallgatni
he learned to listen without a wish
megtanult kívánság nélkül hallgatni
he learned to listen without judgement
megtanult ítélkezés nélkül hallgatni

he learned to listen without an opinion
megtanult vélemény nélkül hallgatni

In a friendly manner, he lived side by side with Vasudeva
Barátságosan, egymás mellett élt Vasudevával
occasionally they exchanged some words
időnként váltottak néhány szót
then, at length, they thought about the words
aztán hosszan gondolkodtak a szavakon
Vasudeva was no friend of words
Vasudeva nem volt a szavak barátja
Siddhartha rarely succeeded in persuading him to speak
Sziddhártának ritkán sikerült rábeszélnie, hogy beszéljen
"did you too learn that secret from the river?"
– Te is a folyóból tanultad meg ezt a titkot?
"the secret that there is no time?"
"A titok, hogy nincs idő?"
Vasudeva's face was filled with a bright smile
Vasudeva arcát ragyogó mosoly töltötte el
"Yes, Siddhartha," he spoke
– Igen, Sziddhárta – mondta
"I learned that the river is everywhere at once"
"Megtanultam, hogy a folyó egyszerre mindenhol van"
"it is at the source and at the mouth of the river"
"a forrásnál és a folyó torkolatánál van"
"it is at the waterfall and at the ferry"
"A vízesésnél és a kompnál van"
"it is at the rapids and in the sea"
"a zuhatagnál és a tengerben van"
"it is in the mountains and everywhere at once"
"egyszerre van a hegyekben és mindenhol"
"and I learned that there is only the present time for the river"
"és megtanultam, hogy a folyónak csak a jelen ideje van"
"it does not have the shadow of the past"
"nincs benne a múlt árnyéka"

"and it does not have the shadow of the future"
"és nincs árnyéka a jövőnek"
"is this what you mean?" he asked
– erre gondolsz? – kérdezte
"This is what I meant," said Siddhartha
– Erre gondoltam – mondta Sziddhárta
"And when I had learned it, I looked at my life"
"És amikor megtanultam, ránéztem az életemre"
"and my life was also a river"
"és az életem is egy folyó volt"
"the boy Siddhartha was only separated from the man Siddhartha by a shadow"
"A fiú Sziddhártát csak egy árnyék választotta el a férfitól, Sziddhártától"
"and a shadow separated the man Siddhartha from the old man Siddhartha"
"és egy árnyék elválasztotta Sziddhártát az öreg Sziddhártától"
"things are separated by a shadow, not by something real"
"A dolgokat árnyék választja el, nem valami valódi"
"Also, Siddhartha's previous births were not in the past"
"Siddhartha korábbi születései sem a múltban voltak"
"and his death and his return to Brahma is not in the future"
"És halála és Brahmába való visszatérése nincs a jövőben"
"nothing was, nothing will be, but everything is"
"semmi sem volt, semmi sem lesz, de minden van"
"everything has existence and is present"
"mindennek létezik és jelen van"
Siddhartha spoke with ecstasy
Sziddhárta extázisban beszélt
this enlightenment had delighted him deeply
ez a megvilágosodás mélyen elragadtatta
"was not all suffering time?"
– Nem szenvedés volt az egész?
"were not all forms of tormenting oneself a form of time?"
"Nem volt-e az önkínzás minden formája az idő egy formája?"
"was not everything hard and hostile because of time?"

"nem volt minden nehéz és ellenséges az idő miatt?"
"is not everything evil overcome when one overcomes time?"
"Nem győz minden rosszat, ha az ember legyőzi az időt?"
"as soon as time leaves the mind, does suffering leave too?"
"Amint az idő elhagyja az elmét, a szenvedés is elmegy?"
Siddhartha had spoken in ecstatic delight
Sziddhárta elragadtatott örömében beszélt
but Vasudeva smiled at him brightly and nodded in confirmation
de Vasudeva élénken mosolygott rá és megerősítően bólintott
silently he nodded and brushed his hand over Siddhartha's shoulder
némán bólintott, és Siddhartha vállára simította a kezét
and then he turned back to his work
majd visszafordult a munkájához

And Siddhartha asked Vasudeva again another time
És Sziddhárta máskor is megkérdezte Vasudévát
the river had just increased its flow in the rainy season
a folyó éppen megnövelte a vízhozamát az esős évszakban
and it made a powerful noise
és erős zajt adott
"Isn't it so, oh friend, the river has many voices?"
– Hát nem, barátom, a folyónak sok hangja van?
"Hasn't it the voice of a king and of a warrior?"
– Nem egy király és egy harcos hangja?
"Hasn't it the voice of of a bull and of a bird of the night?"
– Nem egy bika és egy éjszaka madara hangja?
"Hasn't it the voice of a woman giving birth and of a sighing man?"
– Nem egy szülő nő és egy sóhajtozó férfi hangja?
"and does it not also have a thousand other voices?"
"és nincs ezer más hangja is?"
"it is as you say it is," Vasudeva nodded
– Úgy van, ahogy mondod – bólintott Vasudeva
"all voices of the creatures are in its voice"

"a teremtmények minden hangja az ő hangjában van"
"And do you know..." Siddhartha continued
– És tudod... – folytatta Sziddhárta
"what word does it speak when you succeed in hearing all of voices at once?"
"milyen szót mond, ha sikerül az összes hangot egyszerre hallani?"
Happily, Vasudeva's face was smiling
Boldogan Vasudeva arca mosolygott
he bent over to Siddhartha and spoke the holy Om into his ear
lehajolt Sziddhártához, és a fülébe mondta a szent Om-ot
And this had been the very thing which Siddhartha had also been hearing
És ez volt az a dolog, amit Sziddhárta is hallott

time after time, his smile became more similar to the ferryman's
időről időre mosolya egyre jobban hasonlított a révészéhez
his smile became almost just as bright as the ferryman's
mosolya majdnem olyan ragyogó lett, mint a révészé
it was almost just as thoroughly glowing with bliss
majdnem ugyanolyan alaposan izzott a boldogságtól
shining out of thousand small wrinkles
ezer apró ráncból kiragyogva
just like the smile of a child
akár egy gyerek mosolya
just like the smile of an old man
akárcsak egy öregember mosolya
Many travellers, seeing the two ferrymen, thought they were brothers
Sok utazó a két révész láttán azt hitte, hogy testvérek
Often, they sat in the evening together by the bank
Esténként gyakran ültek együtt a bank mellett
they said nothing and both listened to the water
nem szóltak semmit, és mindketten a vizet hallgatták

the water, which was not water to them
a víz, ami számukra nem volt víz
it wasn't water, but the voice of life
nem víz volt, hanem az élet hangja
the voice of what exists and what is eternally taking shape
annak hangja, ami létezik, és ami örökké formálódik
it happened from time to time that both thought of the same thing
időnként előfordult, hogy mindketten ugyanarra gondoltak
they thought of a conversation from the day before
egy előző napi beszélgetésre gondoltak
they thought of one of their travellers
az egyik utazójukra gondoltak
they thought of death and their childhood
a halálra és a gyerekkorukra gondoltak
they heard the river tell them the same thing
hallották, hogy a folyó ugyanezt mondja nekik
both delighted about the same answer to the same question
mindketten ugyanarra a kérdésre adott válasznak örültek
There was something about the two ferrymen which was transmitted to others
Volt valami a két révészben, amit mások is átadtak
it was something which many of the travellers felt
ez olyasmi volt, amit az utazók közül sokan éreztek
travellers would occasionally look at the faces of the ferrymen
az utazók időnként a révészek arcát nézték
and then they told the story of their life
majd elmesélték életük történetét
they confessed all sorts of evil things
mindenféle gonoszságot bevallottak
and they asked for comfort and advice
és vigasztalást és tanácsot kértek
occasionally someone asked for permission to stay for a night
időnként valaki engedélyt kért egy éjszakára

they also wanted to listen to the river
a folyót is hallgatni akarták
It also happened that curious people came
Az is előfordult, hogy kíváncsiak jöttek
they had been told that there were two wise men
azt mondták nekik, hogy két bölcs ember van
or they had been told there were two sorcerers
vagy azt mondták nekik, hogy két varázsló van
The curious people asked many questions
A kíváncsiak sok kérdést tettek fel
but they got no answers to their questions
de nem kaptak választ a kérdéseikre
they found neither sorcerers nor wise men
nem találtak sem varázslót, sem bölcset
they only found two friendly little old men, who seemed to be mute
csak két barátságos kis öregembert találtak, akik némának tűntek
they seemed to have become a bit strange in the forest by themselves
mintha maguktól kissé furcsák lettek volna az erdőben
And the curious people laughed about what they had heard
A kíváncsiskodók pedig nevettek a hallottakon
they said common people were foolishly spreading empty rumours
azt mondták, az egyszerű emberek ostoba módon üres pletykákat terjesztenek

The years passed by, and nobody counted them
Teltek-múltak az évek, és senki sem számolta őket
Then, at one time, monks came by on a pilgrimage
Aztán egy időben szerzetesek érkeztek zarándokútra
they were followers of Gotama, the Buddha
Gótama, a Buddha követői voltak
they asked to be ferried across the river
kérték, hogy vigyék át őket a folyón

they told them they were in a hurry to get back to their wise teacher
azt mondták nekik, hogy sietnek visszamenni bölcs tanárukhoz
news had spread the exalted one was deadly sick
híre ment, hogy a magasztos halálos beteg
he would soon die his last human death
hamarosan meg fogja halni utolsó emberi halálát
in order to become one with the salvation
hogy eggyé váljon az üdvösséggel
It was not long until a new flock of monks came
Nem sok telt el, míg új szerzetescsapat érkezett
they were also on their pilgrimage
ők is zarándokútjukon voltak
most of the travellers spoke of nothing other than Gotama
az utazók többsége semmi másról nem beszélt, mint Gótamáról
his impending death was all they thought about
a közelgő halálára gondoltak csak
if there had been war, just as many would travel
ha háború lett volna, ugyanannyian utaznának
just as many would come to the coronation of a king
mint ahogy sokan jönnének a királykoronázásra
they gathered like ants in droves
úgy gyülekeztek, mint a hangyák
they flocked, like being drawn onwards by a magic spell
sereglettek, mintha egy varázslat vonzotta volna őket előre
they went to where the great Buddha was awaiting his death
odamentek, ahol a nagy Buddha a halálát várta
the perfected one of an era was to become one with the glory
egy korszak tökéletesedése az volt, hogy eggyé váljon a dicsőséggel
Often, Siddhartha thought in those days of the dying wise man
Sziddhárta gyakran gondolt akkoriban a haldokló bölcs emberre

the great teacher whose voice had admonished nations
a nagy tanító, akinek hangja intette a nemzeteket
the one who had awoken hundreds of thousands
aki százezreket ébresztett
a man whose voice he had also once heard
egy ember, akinek a hangját is hallotta egyszer
a teacher whose holy face he had also once seen with respect
egy tanár, akinek szent arcát ő is tisztelettel látta egykor
Kindly, he thought of him
Kedvesen, gondolt rá
he saw his path to perfection before his eyes
szeme előtt látta a tökéletességhez vezető utat
and he remembered with a smile those words he had said to him
és mosolyogva emlékezett vissza azokra a szavakra, amelyeket mondott neki
when he was a young man and spoke to the exalted one
amikor fiatal ember volt és beszélt a magasztossal
They had been, so it seemed to him, proud and precious words
Úgy tűnt neki, büszke és értékes szavak voltak
with a smile, he remembered the the words
mosolyogva eszébe jutottak a szavak
he knew that there was nothing standing between Gotama and him any more
tudta, hogy már semmi sem áll Gótama és közte
he had known this for a long time already
ezt már régóta tudta
though he was still unable to accept his teachings
bár még mindig képtelen volt elfogadni a tanításait
there was no teaching a truly searching person
nem tanítottak igazán kereső embert
someone who truly wanted to find, could accept
aki igazán meg akarta találni, el tudja fogadni
But he who had found the answer could approve of any teaching

De aki megtalálta a választ, az bármilyen tanítást helyeselhetett
every path, every goal, they were all the same
minden út, minden cél, mind egyforma volt
there was nothing standing between him and all the other thousands any more
nem állt többé semmi közte és a többi ezer között
the thousands who lived in that what is eternal
az ezrek, akik abban éltek, ami örök
the thousands who breathed what is divine
az ezrek, akik azt lehelték, ami isteni

On one of these days, Kamala also went to him
Az egyik napon Kamala is elment hozzá
she used to be the most beautiful of the courtesans
régebben ő volt a legszebb az udvarhölgyek közül
A long time ago, she had retired from her previous life
Nagyon régen visszavonult előző életéből
she had given her garden to the monks of Gotama as a gift
a kertjét Gotama szerzeteseinek adta ajándékba
she had taken her refuge in the teachings
a tanításokban keresett menedéket
she was among the friends and benefactors of the pilgrims
a zarándokok barátai és jótevői között volt
she was together with Siddhartha, the boy
együtt volt Sziddhárthával, a fiúval
Siddhartha the boy was her son
Sziddhárta, a fiú a fia volt
she had gone on her way due to the news of the near death of Gotama
Gótama közeli halálának hírére indult el
she was in simple clothes and on foot
egyszerű ruhában volt és gyalog volt
and she was With her little son
és a kisfiával volt
she was travelling by the river

a folyó mellett utazott
but the boy had soon grown tired
de a fiú hamar elfáradt
he desired to go back home
haza akart menni
he desired to rest and eat
pihenni és enni vágyott
he became disobedient and started whining
engedetlen lett és nyafogni kezdett
Kamala often had to take a rest with him
Kamalának gyakran kellett vele pihennie
he was accustomed to getting what he wanted
megszokta, hogy megkapja, amit akar
she had to feed him and comfort him
meg kellett etetnie és vigasztalnia
she had to scold him for his behaviour
meg kellett szidnia a viselkedése miatt
He did not comprehend why he had to go on this exhausting pilgrimage
Nem értette, miért kell erre a kimerítő zarándokútra mennie
he did not know why he had to go to an unknown place
nem tudta, miért kellett ismeretlen helyre mennie
he did know why he had to see a holy dying stranger
tudta, miért kellett látnia egy szent, haldokló idegent
"So what if he died?" he complained
– És mi van, ha meghal? – panaszkodott
why should this concern him?
miért kell ennek őt érintenie?
The pilgrims were getting close to Vasudeva's ferry
A zarándokok Vasudeva kompához közeledtek
little Siddhartha once again forced his mother to rest
a kis Sziddhárta ismét pihenésre kényszerítette anyját
Kamala had also become tired
Kamala is elfáradt
while the boy was chewing a banana, she crouched down on the ground

miközben a fiú banánt rágcsált, ő leguggolt a földön
she closed her eyes a bit and rested
kicsit lehunyta a szemét és megpihent
But suddenly, she uttered a wailing scream
De hirtelen jajveszékelést hallatott
the boy looked at her in fear
a fiú félve nézett rá
he saw her face had grown pale from horror
látta, hogy az arca elsápadt a rémülettől
and from under her dress, a small, black snake fled
és a ruhája alól egy kicsi, fekete kígyó menekült el
a snake by which Kamala had been bitten
egy kígyót, amely megmarta Kamalát
Hurriedly, they both ran along the path, to reach people
Sietve mindketten végigfutottak az ösvényen, hogy elérjék az embereket
they got near to the ferry and Kamala collapsed
közel értek a komphoz, és Kamala összeesett
she was not able to go any further
nem tudott tovább menni
the boy started crying miserably
a fiú szánalmasan sírni kezdett
his cries were only interrupted when he kissed his mother
kiáltása csak akkor szakadt félbe, amikor megcsókolta az anyját
she also joined his loud screams for help
ő is csatlakozott hangos segélykiáltásaihoz
she screamed until the sound reached Vasudeva's ears
sikoltott, amíg a hang el nem érte Vasudeva fülét
Vasudeva quickly came and took the woman on his arms
Vasudeva gyorsan jött, és a karjába vette a nőt
he carried her into the boat and the boy ran along
bevitte a csónakba, a fiú pedig elrohant
soon they reached the hut, where Siddhartha stood by the stove

hamarosan elérték a kunyhót, ahol Sziddhárta állt a tűzhely mellett
he was just lighting the fire
éppen a tüzet gyújtotta
He looked up and first saw the boy's face
Felnézett, és először a fiú arcát pillantotta meg
it wondrously reminded him of something
csodálatosan emlékeztette valamire
like a warning to remember something he had forgotten
mint egy figyelmeztetés, hogy emlékezzen valamire, amit elfelejtett
Then he saw Kamala, whom he instantly recognised
Aztán meglátta Kamalát, akit azonnal felismert
she lay unconscious in the ferryman's arms
eszméletlenül feküdt a révész karjában
now he knew that it was his own son
most már tudta, hogy ez a saját fia
his son whose face had been such a warning reminder to him
a fia, akinek az arca olyan figyelmeztető emlékeztető volt számára
and the heart stirred in his chest
és a szív megmozdult a mellkasában
Kamala's wound was washed, but had already turned black
Kamala sebét kimosták, de már fekete lett
and her body was swollen
és a teste feldagadt
she was made to drink a healing potion
gyógyító bájitalt itatni
Her consciousness returned and she lay on Siddhartha's bed
Eszmélete visszatért, és Sziddhárta ágyán feküdt
Siddhartha stood over Kamala, who he used to love so much
Sziddhárta Kamala fölött állt, akit korábban annyira szeretett
It seemed like a dream to her
Álomnak tűnt neki
with a smile, she looked at her friend's face

mosolyogva nézett barátja arcába
slowly she realized her situation
lassan rájött a helyzetére
she remembered she had been bitten
eszébe jutott, hogy megharapták
and she timidly called for her son
és félénken hívta a fiát
"He's with you, don't worry," said Siddhartha
– Veled van, ne aggódj – mondta Sziddhárta
Kamala looked into his eyes
Kamala a szemébe nézett
She spoke with a heavy tongue, paralysed by the poison
Nehéz nyelvvel beszélt, megbénult a méregtől
"You've become old, my dear," she said
– Megöregedtél, kedvesem – mondta
"you've become gray," she added
„szürke lettél" – tette hozzá
"But you are like the young Samana, who came without clothes"
"De olyan vagy, mint a fiatal Samana, aki ruha nélkül jött."
"you're like the Samana who came into my garden with dusty feet"
"olyan vagy, mint a Samana, aki poros lábbal jött be a kertembe"
"You are much more like him than you were when you left me"
"Sokkal jobban hasonlítasz rá, mint amikor elhagytál"
"In the eyes, you're like him, Siddhartha"
– Szemben olyan vagy, mint ő, Sziddhárta.
"Alas, I have also grown old"
"Jaj, én is megöregedtem"
"could you still recognise me?"
– Felismersz még?
Siddhartha smiled, "Instantly, I recognised you, Kamala, my dear"

Sziddhárta elmosolyodott: „Azonnal felismertelek, Kamala, kedvesem"

Kamala pointed to her boy

Kamala a fiára mutatott

"Did you recognise him as well?"

– Őt is felismerted?

"He is your son," she confirmed

– Ő a te fiad – erősítette meg a nő

Her eyes became confused and fell shut

A szeme összezavarodott és lecsukódott

The boy wept and Siddhartha took him on his knees

A fiú elsírta magát, Sziddhárta pedig térdre vonta

he let him weep and petted his hair

hagyta sírni, és megsimogatta a haját

at the sight of the child's face, a Brahman prayer came to his mind

a gyermek arca láttán egy brahman-ima jutott eszébe

a prayer which he had learned a long time ago

egy imát, amelyet már régen megtanult

a time when he had been a little boy himself

amikor ő maga is kisfiú volt

Slowly, with a singing voice, he started to speak

Lassan, éneklő hangon beszélni kezdett

from his past and childhood, the words came flowing to him

múltjából és gyerekkorából áradtak rá a szavak

And with that song, the boy became calm

És ezzel a dallal a fiú megnyugodott

he was only now and then uttering a sob

csak néha-néha zokogott

and finally he fell asleep

és végül elaludt

Siddhartha placed him on Vasudeva's bed

Sziddhárta Vasudeva ágyára tette

Vasudeva stood by the stove and cooked rice

Vasudeva a tűzhely mellett állt és rizst főzött

Siddhartha gave him a look, which he returned with a smile

Siddhartha pillantást vetett rá, amit mosolyogva viszonzott
"She'll die," Siddhartha said quietly
– Meg fog halni – mondta Siddhartha csendesen
Vasudeva knew it was true, and nodded
Vasudeva tudta, hogy ez igaz, és bólintott
over his friendly face ran the light of the stove's fire
barátságos arcán végigfutott a kályha tüzének fénye
once again, Kamala returned to consciousness
Kamala ismét magához tért
the pain of the poison distorted her face
a méreg fájdalma eltorzította az arcát
Siddhartha's eyes read the suffering on her mouth
Sziddhárta szemei a szenvedést olvasták a szájáról
from her pale cheeks he could see that she was suffering
sápadt arcáról látta, hogy szenved
Quietly, he read the pain in her eyes
Csendesen kiolvasta a fájdalmat a szeméből
attentively, waiting, his mind become one with her suffering
figyelmesen, várva, elméje eggyé válik szenvedésével
Kamala felt it and her gaze sought his eyes
Kamala érezte, és tekintete a férfi szemeit kereste
Looking at him, she spoke
Ránézett, megszólalt
"Now I see that your eyes have changed as well"
"Most látom, hogy a te szemed is megváltozott"
"They've become completely different"
"Teljesen mások lettek"
"what do I still recognise in you that is Siddhartha?
"Mit ismerek még fel benned, hogy Sziddhárta?
"It's you, and it's not you"
"Te vagy az, és nem te vagy"
Siddhartha said nothing, quietly his eyes looked at hers
Sziddhárta nem szólt semmit, szeme csendesen az övére nézett
"You have achieved it?" she asked
– Sikerült elérnie? – kérdezte a nő

"You have found peace?"
– Megtaláltad a békét?
He smiled and placed his hand on hers
Elmosolyodott, és a lány kezére tette a kezét
"I'm seeing it" she said
– Látom – mondta
"I too will find peace"
"Én is megtalálom a békét"
"You have found it," Siddhartha spoke in a whisper
– Megtaláltad – mondta Siddhartha suttogva
Kamala never stopped looking into his eyes
Kamala nem hagyta abba, hogy a szemébe nézzen
She thought about her pilgrimage to Gotama
Gótamai zarándokútjára gondolt
the pilgrimage which she wanted to take
a zarándoklat, amelyen részt akart venni
in order to see the face of the perfected one
hogy lássa a tökéletesített arcát
in order to breathe his peace
hogy fellélegezze a békéjét
but she had now found it in another place
de most egy másik helyen találta
and this she thought that was good too
és ezt ő is jónak tartotta
it was just as good as if she had seen the other one
olyan jó volt, mintha látta volna a másikat
She wanted to tell this to him
Ezt szerette volna elmondani neki
but her tongue no longer obeyed her will
de a nyelve már nem engedelmeskedett akaratának
Without speaking, she looked at him
Szó nélkül ránézett
he saw the life fading from her eyes
látta, hogy az élet kihal a szeméből
the final pain filled her eyes and made them grow dim
a végső fájdalom betöltötte a szemét, és elhomályosította

the final shiver ran through her limbs
a végső borzongás végigfutott a tagjain
his finger closed her eyelids
ujja lecsukta a szemhéját

For a long time, he sat and looked at her peacefully dead face
Sokáig ült és nézte a lány békésen halott arcát
For a long time, he observed her mouth
Sokáig figyelte a száját
her old, tired mouth, with those lips, which had become thin
öreg, fáradt szája, azokkal az ajkakkal, amelyek elvékonyodtak
he remembered he used to compare this mouth with a freshly cracked fig
eszébe jutott, hogy ezt a szájat egy frissen repedt fügével hasonlította össze
this was in the spring of his years
ez éveinek tavaszán volt
For a long time, he sat and read the pale face
Sokáig ült és olvasta a sápadt arcot
he read the tired wrinkles
olvasta a fáradt ráncokat
he filled himself with this sight
ezzel a látvánnyal töltötte el magát
he saw his own face in the same manner
a saját arcát is ugyanígy látta
he saw his face was just as white
látta, hogy az arca ugyanolyan fehér
he saw his face was just as quenched out
látta, hogy az arca éppoly kialudt
at the same time he saw his face and hers being young
ugyanakkor látta az arcát és az övét fiatalnak
their faces with red lips and fiery eyes
arcuk vörös ajkakkal és tüzes szemekkel
the feeling of both being real at the same time
az érzés, hogy mindkettő valóságos egyszerre

the feeling of eternity completely filled every aspect of his being
az örökkévalóság érzése teljesen betöltötte lényének minden aspektusát
in this hour he felt more deeply than than he had ever felt before
ebben az órában sokkal mélyebben érezte magát, mint valaha
he felt the indestructibility of every life
érezte minden élet elpusztíthatatlanságát
he felt the eternity of every moment
érezte minden pillanat örökkévalóságát
When he rose, Vasudeva had prepared rice for him
Amikor felkelt, Vasudeva rizst készített neki
But Siddhartha did not eat that night
De Sziddhárta nem evett azon az éjszakán
In the stable their goat stood
Az istállóban a kecskéjük állt
the two old men prepared beds of straw for themselves
a két öreg szalmaágyat készített magának
Vasudeva laid himself down to sleep
Vasudeva lefeküdt aludni
But Siddhartha went outside and sat before the hut
De Sziddhárta kiment és leült a kunyhó elé
he listened to the river, surrounded by the past
a múlttól körülvett folyót hallgatta
he was touched and encircled by all times of his life at the same time
életének minden időszaka egyszerre érintette és vette körül
occasionally he rose and he stepped to the door of the hut
időnként felállt, és a kunyhó ajtajához lépett
he listened whether the boy was sleeping
hallgatta, alszik-e a fiú

before the sun could be seen, Vasudeva came out of the stable
mielőtt a nap meglátott volna, Vasudeva kijött az istállóból

he walked over to his friend
odament a barátjához
"You haven't slept," he said
– Nem aludtál – mondta
"No, Vasudeva. I sat here"
"Nem, Vasudeva. Itt ültem"
"I was listening to the river"
"A folyót hallgattam"
"the river has told me a lot"
"A folyó sok mindent elmondott nekem"
"it has deeply filled me with the healing thought of oneness"
"mélyen eltöltött az egység gyógyító gondolatával"
"You've experienced suffering, Siddhartha"
"Szenvedést tapasztaltál, Sziddhárta"
"but I see no sadness has entered your heart"
"de úgy látom, nem szállt meg a szívedben szomorúság"
"No, my dear, how should I be sad?"
– Nem, kedvesem, hogy legyek szomorú?
"I, who have been rich and happy"
"Én, aki gazdag és boldog voltam"
"I have become even richer and happier now"
"Már még gazdagabb és boldogabb lettem"
"My son has been given to me"
"A fiamat nekem adták"
"Your son shall be welcome to me as well"
– A fiad is szívesen lát engem.
"But now, Siddhartha, let's get to work"
– De most, Sziddhárta, kezdjünk dolgozni!
"there is much to be done"
"sok tennivaló van még"
"Kamala has died on the same bed on which my wife had died"
"Kamala ugyanazon az ágyon halt meg, amelyen a feleségem is meghalt."
"Let us build Kamala's funeral pile on the hill"
"Építsünk Kamala temetési cölöpét a dombon"

"the hill on which I my wife's funeral pile is"
"a domb, amelyen a feleségem temetési cölöpje van"
While the boy was still asleep, they built the funeral pile
Amíg a fiú még aludt, megépítették a temetési cölöpöt

The Son
A Fiú

Timid and weeping, the boy had attended his mother's funeral
A fiú félénken és sírósan részt vett anyja temetésén
gloomy and shy, he had listened to Siddhartha
komor és félénk volt, hallgatta Sziddhártát
Siddhartha greeted him as his son
Sziddhárta fiaként üdvözölte
he welcomed him at his place in Vasudeva's hut
üdvözölte a helyén, Vasudeva kunyhójában
Pale, he sat for many days by the hill of the dead
Sápadtan ült sok napig a halottak dombja mellett
he did not want to eat
nem akart enni
he did not look at anyone
nem nézett senkire
he did not open his heart
nem nyitotta ki a szívét
he met his fate with resistance and denial
ellenállással és tagadással jutott sorsára
Siddhartha spared giving him lessons
Sziddhárta nem tartotta meg a leckéket
and he let him do as he pleased
és hagyta, hogy kedve szerint tegyen
Siddhartha honoured his son's mourning
Sziddhárta tisztelte fia gyászát
he understood that his son did not know him
megértette, hogy a fia nem ismeri
he understood that he could not love him like a father
megértette, hogy nem szeretheti úgy, mint egy apát
Slowly, he also understood that the eleven-year-old was a pampered boy
Lassan ő is megértette, hogy a tizenegy éves egy elkényeztetett fiú

he saw that he was a mother's boy
látta, hogy anyafiú
he saw that he had grown up in the habits of rich people
látta, hogy gazdag emberek szokásai között nőtt fel
he was accustomed to finer food and a soft bed
hozzászokott a finomabb ételekhez és a puha ágyhoz
he was accustomed to giving orders to servants
hozzászokott a szolgák parancsolásához
the mourning child could not suddenly be content with a life among strangers
a gyászoló gyermek nem tudott hirtelen megelégedni az idegenek közti élettel
Siddhartha understood the pampered child would not willingly be in poverty
Sziddhárta megértette, hogy az elkényeztetett gyermek nem lesz szegénységben
He did not force him to do these these things
Nem kényszerítette arra, hogy ezeket a dolgokat megtegye
Siddhartha did many chores for the boy
Sziddhárta sok házimunkát végzett a fiúért
he always saved the best piece of the meal for him
mindig az étel legjobb darabját tartotta meg neki
Slowly, he hoped to win him over, by friendly patience
Lassan remélte, hogy baráti türelemmel megnyeri a tetszését
Rich and happy, he had called himself, when the boy had come to him
Gazdagnak és boldognak nevezte magát, amikor a fiú odajött hozzá
Since then some time had passed
Azóta eltelt egy kis idő
but the boy remained a stranger and in a gloomy disposition
de a fiú idegen maradt és komor természetű
he displayed a proud and stubbornly disobedient heart
büszke és makacsul engedetlen szívet mutatott
he did not want to do any work
nem akart semmilyen munkát végezni

he did not pay his respect to the old men
nem tette tiszteletét az öregek iránt
he stole from Vasudeva's fruit-trees
lopott Vasudeva gyümölcsfáiról
his son had not brought him happiness and peace
a fia nem hozott neki boldogságot és békét
the boy had brought him suffering and worry
a fiú szenvedést és aggodalmat hozott neki
slowly Siddhartha began to understand this
lassan Sziddhárta kezdte ezt megérteni
But he loved him regardless of the suffering he brought him
De szerette őt, függetlenül attól, hogy milyen szenvedést okozott neki
he preferred the suffering and worries of love over happiness and joy without the boy
jobban szerette a szerelem szenvedését és aggodalmát, mint a fiú nélküli boldogságot és örömet
from when young Siddhartha was in the hut the old men had split the work
amióta a fiatal Sziddhárta a kunyhóban volt, az öregek felosztották a munkát
Vasudeva had again taken on the job of the ferryman
Vasudeva ismét elvállalta a révész feladatát
and Siddhartha, in order to be with his son, did the work in the hut and the field
és Sziddhárta, hogy a fiával lehessen, a munkát a kunyhóban és a mezőn végezte

for long months Siddhartha waited for his son to understand him
Sziddhárta hosszú hónapokig várta, hogy fia megértse őt
he waited for him to accept his love
várta, hogy elfogadja szerelmét
and he waited for his son to perhaps reciprocate his love
és várta, hogy fia talán viszonozza szerelmét
For long months Vasudeva waited, watching

Vasudeva hosszú hónapokig várt és figyelt
he waited and said nothing
várt és nem szólt semmit
One day, young Siddhartha tormented his father very much
Egy napon a fiatal Sziddhárta nagyon kínozta apját
he had broken both of his rice-bowls
összetörte mindkét rizses tálkáját
Vasudeva took his friend aside and talked to him
Vasudeva félrevette barátját, és beszélt vele
"Pardon me," he said to Siddhartha
– Bocsáss meg – mondta Sziddhárthának
"from a friendly heart, I'm talking to you"
"Barátságos szívből beszélek hozzád"
"I'm seeing that you are tormenting yourself"
"Látom, hogy gyötöröd magad"
"I'm seeing that you're in grief"
"Látom, hogy bánatos vagy"
"Your son, my dear, is worrying you"
– A fiad, kedvesem, aggaszt téged.
"and he is also worrying me"
"és ő is aggaszt engem"
"That young bird is accustomed to a different life"
"Az a fiatal madár más élethez szokott"
"he is used to living in a different nest"
"megszokta, hogy más fészekben él"
"he has not, like you, run away from riches and the city"
"Ő nem futott el, mint te, a gazdagság és a város elől"
"he was not disgusted and fed up with the life in Sansara"
"nem volt undorodva és elege lett a sansarai életből"
"he had to do all these things against his will"
"akarata ellenére kellett mindezt megtennie"
"he had to leave all this behind"
"Ezt az egészet maga mögött kellett hagynia"
"I asked the river, oh friend"
"Megkérdeztem a folyót, barátom"
"many times I have asked the river"

"sokszor kérdeztem a folyótól"
"But the river laughs at all of this"
"De a folyó ezen az egészen nevet"
"it laughs at me and it laughs at you"
"nevet rajtam és rajtad nevet"
"the river is shaking with laughter at our foolishness"
"A folyó remeg a nevetéstől a bolondságunkon"
"Water wants to join water as youth wants to join youth"
"A víz úgy akar csatlakozni a vízhez, ahogy a fiatalok csatlakozni akarnak a fiatalokhoz"
"your son is not in the place where he can prosper"
"a fiad nincs ott, ahol boldogulhat"
"you too should ask the river"
"Neked is meg kell kérdezned a folyót"
"you too should listen to it!"
– Neked is hallgass!
Troubled, Siddhartha looked into his friendly face
Sziddhárta zaklatottan a férfi barátságos arcába nézett
he looked at the many wrinkles in which there was incessant cheerfulness
nézte a sok ráncot, amiben szüntelen vidámság volt
"How could I part with him?" he said quietly, ashamed
– Hogyan válhatnék meg tőle? – mondta halkan, szégyellve
"Give me some more time, my dear"
– Adj még egy kis időt, kedvesem!
"See, I'm fighting for him"
"Látod, én harcolok érte"
"I'm seeking to win his heart"
"Meg akarom nyerni a szívét"
"with love and with friendly patience I intend to capture it"
"Szeretettel és baráti türelemmel szeretném megörökíteni"
"One day, the river shall also talk to him"
"Egy napon a folyó is beszélni fog vele"
"he also is called upon"
"őt is hívják"
Vasudeva's smile flourished more warmly

Vasudeva mosolya melegebben virított
"Oh yes, he too is called upon"
"Ó, igen, őt is hívják"
"he too is of the eternal life"
"ő is az örök életből való"
"But do we, you and me, know what he is called upon to do?"
– De mi, te és én tudjuk, mire van hivatva?
"we know what path to take and what actions to perform"
"Tudjuk, milyen utat kell választanunk, és milyen lépéseket kell végrehajtanunk"
"we know what pain we have to endure"
"Tudjuk, milyen fájdalmat kell elviselnünk"
"but does he know these things?"
"de ő tudja ezeket a dolgokat?"
"Not a small one, his pain will be"
"Nem kicsi, fájdalma lesz"
"after all, his heart is proud and hard"
"végül is büszke és kemény a szíve"
"people like this have to suffer and err a lot"
"az ilyen embereknek sokat kell szenvedniük és tévedniük"
"they have to do much injustice"
"sok igazságtalanságot kell elkövetniük"
"and they have burden themselves with much sin"
"és sok bűnnel megterhelték magukat"
"Tell me, my dear," he asked of Siddhartha
– Mondd, kedvesem – kérdezte Sziddhártától
"you're not taking control of your son's upbringing?"
– nem te irányítod a fiad nevelését?
"You don't force him, beat him, or punish him?"
– Nem kényszeríted, nem veri meg és nem bünteti?
"No, Vasudeva, I don't do any of these things"
"Nem, Vasudeva, én nem csinálom ezeket a dolgokat"
"I knew it. You don't force him"
"Tudtam. Nem kényszerítted rá"
"you don't beat him and you don't give him orders"

"Nem veri meg és nem parancsol neki"
"because you know softness is stronger than hard"
"mert tudod, hogy a lágyság erősebb a keménynél"
"you know water is stronger than rocks"
"Tudod, hogy a víz erősebb, mint a sziklák"
"and you know love is stronger than force"
"és tudod, hogy a szerelem erősebb az erőnél"
"Very good, I praise you for this"
"Nagyon jó, dicsérlek ezért"
"But aren't you mistaken in some way?"
– De nem tévedsz valamiben?
"don't you think that you are forcing him?"
– Nem gondolod, hogy kényszeríted?
"don't you perhaps punish him a different way?"
– Talán nem bünteti meg másképp?
"Don't you shackle him with your love?"
– Nem béklyózod meg a szerelmeddel?
"Don't you make him feel inferior every day?"
– Nem érezteti vele magát minden nap alacsonyabb rendűnek?
"doesn't your kindness and patience make it even harder for him?"
– a kedvességed és türelmed nem nehezíti meg még a dolgát?
"aren't you forcing him to live in a hut with two old banana-eaters?"
– Nem kényszeríted, hogy egy kunyhóban lakjon két öreg banánevővel?
"old men to whom even rice is a delicacy"
"öregek, akiknek még a rizs is csemege"
"old men whose thoughts can't be his"
"öregek, akiknek a gondolatai nem lehetnek az övéi"
"old men whose hearts are old and quiet"
"öregek, akiknek szívük öreg és csendes"
"old men whose hearts beat in a different pace than his"
"öregek, akiknek a szíve más ütemben ver, mint az övé"
"Isn't he forced and punished by all this?""

– Őt nem kényszeríti és nem bünteti ez az egész?
Troubled, Siddhartha looked to the ground
Sziddhárta zaklatottan a földre nézett
Quietly, he asked, "What do you think should I do?"
Csendesen megkérdezte: – Szerinted mit tegyek?
Vasudeva spoke, "Bring him into the city"
Vasudeva így szólt: "Vigyétek be a városba!"
"bring him into his mother's house"
"hozd be az anyja házába"
"there'll still be servants around, give him to them"
"Még mindig lesznek szolgák, add oda nekik"
"And if there aren't any servants, bring him to a teacher"
"És ha nincs szolga, vidd el egy tanítóhoz."
"but don't bring him to a teacher for teachings' sake"
"de ne vidd tanítóhoz a tanítás kedvéért"
"bring him to a teacher so that he is among other children"
"Vigye el egy tanárhoz, hogy a többi gyerek között legyen"
"and bring him to the world which is his own"
"és hozd el a világba, amely az övé"
"have you never thought of this?"
– Soha nem gondoltál erre?
"you're seeing into my heart," Siddhartha spoke sadly
– Belelátsz a szívembe – mondta szomorúan Sziddhárta
"Often, I have thought of this"
"Gyakran eszembe jutott ez"
"but how can I put him into this world?"
"de hogyan hozhatnám őt ebbe a világba?"
"Won't he become exuberant?"
– Nem lesz túlzó?
"won't he lose himself to pleasure and power?"
"nem veszíti el magát a gyönyörtől és a hatalomtól?"
"won't he repeat all of his father's mistakes?"
– Nem fogja megismételni apja összes hibáját?
"won't he perhaps get entirely lost in Sansara?"
– Talán nem fog teljesen elveszni Sansarában?
Brightly, the ferryman's smile lit up

Ragyogóan felragyogott a révész mosolya
softly, he touched Siddhartha's arm
halkan megérintette Sziddhárta karját
"Ask the river about it, my friend!"
– Kérdezd meg erről a folyót, barátom!
"Hear the river laugh about it!"
– Halld, ahogy a folyó nevet rajta!
"Would you actually believe that you had committed your foolish acts?
"Valóban azt hinnéd, hogy elkövetted az ostoba cselekedeteidet?
"in order to spare your son from committing them too"
"hogy a fiát is megkímélje az elkövetéstől"
"And could you in any way protect your son from Sansara?"
– És meg tudnád valahogy védeni a fiadat Sansarától?
"How could you protect him from Sansara?"
– Hogyan tudnád megvédeni őt Sansarától?
"By means of teachings, prayer, admonition?"
– Tanítással, imával, intéssel?
"My dear, have you entirely forgotten that story?"
– Kedvesem, teljesen elfelejtetted azt a történetet?
"the story containing so many lessons"
"a sok tanulságot tartalmazó történet"
"the story about Siddhartha, a Brahman's son"
"a történet Sziddhártáról, egy Brahman fiáról"
"the story which you once told me here on this very spot?"
– A történetet, amit egyszer elmeséltél nekem ezen a helyen?
"Who has kept the Samana Siddhartha safe from Sansara?"
– Ki tartotta biztonságban a Samana Siddhartát Sansarától?
"who has kept him from sin, greed, and foolishness?"
"Ki őrizte meg őt a bűntől, a kapzsiságtól és az ostobaságtól?"
"Were his father's religious devotion able to keep him safe?
– Vajon apja vallásos odaadása biztonságban tudta tartani?
"were his teacher's warnings able to keep him safe?"
"tudták a tanára figyelmeztetései biztonságban tartani?"
"could his own knowledge keep him safe?"

"a saját tudása biztonságban tarthatja?"
"was his own search able to keep him safe?"
– A saját kutatása meg tudta őrizni őt biztonságban?
"What father has been able to protect his son?"
– Melyik apa tudta megvédeni a fiát?
"what father could keep his son from living his life for himself?"
"milyen apa tudná megakadályozni a fiát abban, hogy önmagának élje le az életét?"
"what teacher has been able to protect his student?"
"milyen tanár tudta megvédeni tanítványát?"
"what teacher can stop his student from soiling himself with life?"
"milyen tanár tudja megakadályozni, hogy a diákja beszennyezze magát az élettel?"
"who could stop him from burdening himself with guilt?"
"ki akadályozhatná meg abban, hogy bűntudattal terhelje magát?"
"who could stop him from drinking the bitter drink for himself?"
"Ki akadályozhatná meg, hogy magának megigya a keserű italt?"
"who could stop him from finding his path for himself?"
"Ki akadályozhatná meg abban, hogy megtalálja a maga útját?"
"did you think anybody could be spared from taking this path?"
– Gondoltad volna, hogy bárki megkímélhető attól, hogy ezt az utat választja?
"did you think that perhaps your little son would be spared?"
– Gondoltad volna, hogy talán a kisfiadat megkímélik?
"did you think your love could do all that?"
– Azt hitted, hogy a szerelmed képes mindezt megtenni?
"did you think your love could keep him from suffering"

"Azt hitted, hogy a szerelmed meg tudja akadályozni a szenvedéstől?"
"did you think your love could protect him from pain and disappointment?"
"Azt hitted, hogy a szerelmed megvédheti őt a fájdalomtól és a csalódástól?
"you could die ten times for him"
"Tízszer meghalhatnál érte"
"but you could take no part of his destiny upon yourself"
"de nem veheted magadra a sorsát"
Never before, Vasudeva had spoken so many words
Vasudeva még soha nem beszélt ennyi szót
Kindly, Siddhartha thanked him
Sziddhárta kedvesen megköszönte
he went troubled into the hut
zaklatottan bement a kunyhóba

he could not sleep for a long time
sokáig nem tudott aludni
Vasudeva had told him nothing he had not already thought and known
Vasudeva nem mondott neki semmit, amire ne gondolt volna és ne tudott volna
But this was a knowledge he could not act upon
De ez olyan tudás volt, amely alapján nem tudott cselekedni
stronger than knowledge was his love for the boy
a tudásnál erősebb volt a fiú iránti szeretete
stronger than knowledge was his tenderness
a tudásnál erősebb volt a gyengédsége
stronger than knowledge was his fear to lose him
a tudásnál erősebb volt a félelme, hogy elveszíti őt
had he ever lost his heart so much to something?
elvesztette valaha ennyire a szívét valami miatt?
had he ever loved any person so blindly?
szeretett valaha valakit ilyen vakon?
had he ever suffered for someone so unsuccessfully?

szenvedett valaha valakiért ilyen sikertelenül?
had he ever made such sacrifices for anyone and yet been so unhappy?
hozott-e valaha ekkora áldozatot valakiért, és mégis ennyire boldogtalan volt?
Siddhartha could not heed his friend's advice
Sziddhárta nem tudott megfogadni barátja tanácsát
he could not give up the boy
nem tudta feladni a fiút
He let the boy give him orders
Hagyta, hogy a fiú parancsoljon neki
he let him disregard him
hagyta, hogy figyelmen kívül hagyja
He said nothing and waited
Nem szólt semmit, és várt
daily, he attempted the struggle of friendliness
naponta megkísérelte a barátság küzdelmét
he initiated the silent war of patience
megindította a néma türelemháborút
Vasudeva also said nothing and waited
Vasudeva sem szólt semmit, és várt
They were both masters of patience
Mindketten mesterei voltak a türelemnek

one time the boy's face reminded him very much of Kamala
egyszer a fiú arca nagyon Kamalára emlékeztette
Siddhartha suddenly had to think of something Kamala had once said
Sziddhárthának hirtelen eszébe kellett jutnia valaminek, amit Kamala egyszer mondott
"You cannot love" she had said to him
„Nem szerethetsz" – mondta neki
and he had agreed with her
és egyetértett vele
and he had compared himself with a star
és egy sztárhoz hasonlította magát

and he had compared the childlike people with falling leaves
és a gyermeki embereket a hulló levelekhez hasonlította
but nevertheless, he had also sensed an accusation in that line
de ennek ellenére is érzékelt egy vádat ebben a sorban
Indeed, he had never been able to love
Valójában soha nem tudott szeretni
he had never been able to devote himself completely to another person
soha nem tudta teljesen odaadni magát egy másik személynek
he had never been able to to forget himself
soha nem tudta elfelejteni magát
he had never been able to commit foolish acts for the love of another person
soha nem tudott ostoba cselekedeteket elkövetni egy másik ember szerelméért
at that time it seemed to set him apart from the childlike people
akkoriban mintha megkülönböztette volna a gyermeki emberektől
But ever since his son was here, Siddhartha also become a childlike person
De amióta a fia itt van, Siddhartha is gyermeki emberré vált
he was suffering for the sake of another person
egy másik ember kedvéért szenvedett
he was loving another person
egy másik embert szeretett
he was lost to a love for someone else
elveszett egy másik iránti szerelem miatt
he had become a fool on account of love
bolond lett a szerelem miatt
Now he too felt the strongest and strangest of all passions
Most ő is érezte a legerősebb és legfurcsább szenvedélyeket
he suffered from this passion miserably
szerencsétlenül szenvedett ettől a szenvedélytől

and he was nevertheless in bliss
és ennek ellenére boldogságban volt
he was nevertheless renewed in one respect
egy tekintetben mégis megújult
he was enriched by this one thing
ezzel az egy dologgal gazdagodott
He sensed very well that this blind love for his son was a passion
Nagyon jól érezte, hogy ez a vak szerelem a fia iránt szenvedély
he knew that it was something very human
tudta, hogy ez valami nagyon emberi dolog
he knew that it was Sansara
tudta, hogy Sansara az
he knew that it was a murky source, dark waters
tudta, hogy ez egy zavaros forrás, sötét vizek
but he felt it was not worthless, but necessary
de úgy érezte, ez nem értéktelen, hanem szükséges
it came from the essence of his own being
saját lényének lényegéből fakadt
This pleasure also had to be atoned for
Ezt az örömet is vezekelni kellett
this pain also had to be endured
ezt a fájdalmat is el kellett viselni
these foolish acts also had to be committed
ezeket az ostoba tetteket is el kellett követni
Through all this, the son let him commit his foolish acts
Mindezek során a fiú hagyta, hogy elkövetje ostoba tetteit
he let him court for his affection
engedte, hogy udvaroljon a szeretetéért
he let him humiliate himself every day
hagyta, hogy minden nap megalázza magát
he gave in to the moods of his son
engedett fia hangulatainak
his father had nothing which could have delighted him
apjának semmi sem volt, ami örömet szerezhetett volna neki

and he nothing that the boy feared
és semmi, amitől a fiú félt
He was a good man, this father
Jó ember volt ez az apa
he was a good, kind, soft man
jó, kedves, puha ember volt
perhaps he was a very devout man
talán nagyon jámbor ember volt
perhaps he was a saint, the boy thought
talán egy szent, gondolta a fiú
but all these attributes could not win the boy over
de mindezek a tulajdonságok nem tudták megnyerni a fiút
He was bored by this father, who kept him imprisoned
Untatta ezt az apát, aki börtönben tartotta
a prisoner in this miserable hut of his
fogoly ebben a nyomorult kunyhójában
he was bored of him answering every naughtiness with a smile
unta, hogy minden szemtelenségre mosolyogva válaszol
he didn't appreciate insults being responded to by friendliness
nem értékelte, ha a sértésekre barátságosan válaszoltak
he didn't like viciousness returned in kindness
nem szerette a kedvességben visszaköszönő gonoszságot
this very thing was the hated trick of this old sneak
éppen ez volt ennek a régi besurranónak a gyűlölt trükkje
Much more the boy would have liked it if he had been threatened by him
A fiúnak sokkal jobban tetszett volna, ha megfenyegeti
he wanted to be abused by him
bántalmazni akarta

A day came when young Siddhartha had had enough
Eljött egy nap, amikor a fiatal Sziddhártának elege lett
what was on his mind came bursting forth
előtört, ami a fejében járt

and he openly turned against his father
és nyíltan apja ellen fordult
Siddhartha had given him a task
Sziddhárta feladatot adott neki
he had told him to gather brushwood
azt mondta neki, hogy gyűjtsön bozótfát
But the boy did not leave the hut
De a fiú nem hagyta el a kunyhót
in stubborn disobedience and rage, he stayed where he was
makacs engedetlenségében és dühében ott maradt, ahol volt
he thumped on the ground with his feet
lábával a földre koppant
he clenched his fists and screamed in a powerful outburst
ökölbe szorította a kezét, és erőteljes kitörésben felsikoltott
he screamed his hatred and contempt into his father's face
– üvöltötte apja arcába gyűlöletét és megvetését
"Get the brushwood for yourself!" he shouted, foaming at the mouth
– Szerezd meg magadnak a bozótfát! – kiáltotta habzó szájjal
"I'm not your servant"
"Nem vagyok a szolgád"
"I know that you won't hit me, you wouldn't dare"
"Tudom, hogy nem ütsz meg, nem mernél"
"I know that you constantly want to punish me"
"Tudom, hogy állandóan meg akarsz büntetni"
"you want to put me down with your religious devotion and your indulgence"
"Le akarsz csábítani vallásos odaadásoddal és engedékenységeddel"
"You want me to become like you"
"Azt akarod, hogy olyan legyek, mint te"
"you want me to be just as devout, soft, and wise as you"
"Azt akarod, hogy ugyanolyan jámbor, lágy és bölcs legyek, mint te"
"but I won't do it, just to make you suffer"
"de nem teszem, csak hogy szenvedj"

"I would rather become a highway-robber than be as soft as you"
"Inkább leszek autópálya-rabló, mintsem olyan lágy, mint te."
"I would rather be a murderer than be as wise as you"
"Inkább leszek gyilkos, mintsem olyan bölcs, mint te"
"I would rather go to hell, than to become like you!"
– Inkább a pokolba kerülök, mint hogy olyan legyek, mint te!
"I hate you, you're not my father
"Utállak, nem vagy az apám
"even if you've slept with my mother ten times, you are not my father!"
"Még ha tízszer is lefeküdtél anyámmal, nem vagy az apám!"
Rage and grief boiled over in him
Düh és bánat forrt benne
he foamed at his father in a hundred savage and evil words
száz vad és gonosz szóval habzsolt rá apjára
Then the boy ran away into the forest
Aztán a fiú elszaladt az erdőbe
it was late at night when the boy returned
késő este volt, amikor a fiú visszatért
But the next morning, he had disappeared
De másnap reggel eltűnt
What had also disappeared was a small basket
Ami szintén eltűnt, az egy kis kosár
the basket in which the ferrymen kept those copper and silver coins
a kosár, amelyben a révészek tartották azokat a réz- és ezüstpénzeket
the coins which they received as a fare
az érméket, amelyeket viteldíjként kaptak
The boat had also disappeared
A csónak is eltűnt
Siddhartha saw the boat lying by the opposite bank
Sziddhárta látta a csónakot a szemközti parton heverni
Siddhartha had been shivering with grief
Sziddhárta reszketett a gyásztól

the ranting speeches the boy had made touched him
a fiú dühöngő beszédei megérintették
"I must follow him," said Siddhartha
– Követnem kell – mondta Sziddhárta
"A child can't go through the forest all alone, he'll perish"
"Egy gyerek nem mehet át egyedül az erdőn, elpusztul."
"We must build a raft, Vasudeva, to get over the water"
"Tutajt kell építenünk, Vasudeva, hogy túljusson a vízen"
"We will build a raft" said Vasudeva
– Tutajt fogunk építeni – mondta Vasudeva
"we will build it to get our boat back"
"Megépítjük, hogy visszakapjuk a hajónkat"
"But you shall not run after your child, my friend"
– De ne szaladj a gyereked után, barátom!
"he is no child anymore"
"már nem gyerek"
"he knows how to get around"
"tudja, hogyan kell közlekedni"
"He's looking for the path to the city"
"A városba vezető utat keresi"
"and he is right, don't forget that"
"és igaza van, ezt ne felejtsd el"
"he's doing what you've failed to do yourself"
"azt csinálja, amit neked nem sikerült megtenned"
"he's taking care of himself"
"vigyázik magára"
"he's taking his course for himself"
"Ő maga végzi a kurzust"
"Alas, Siddhartha, I see you suffering"
"Jaj, Sziddhárta, látom, hogy szenvedsz"
"but you're suffering a pain at which one would like to laugh"
"de olyan fájdalmat szenvedsz, amin az ember nevetni szeretne"
"you're suffering a pain at which you'll soon laugh yourself"
"olyan fájdalmat szenvedsz, amin hamarosan nevetni fogsz"

Siddhartha did not answer his friend
Sziddhárta nem válaszolt barátjának
He already held the axe in his hands
A fejszét már a kezében tartotta
and he began to make a raft of bamboo
és bambusztutajt kezdett készíteni
Vasudeva helped him to tie the canes together with ropes of grass
Vasudeva segített neki összekötni a vesszőket fűkötéllel
When they crossed the river they drifted far off their course
Amikor átkeltek a folyón, messze lesodrtak a pályájukról
they pulled the raft upriver on the opposite bank
a szemközti parton felfelé húzták a tutajt
"Why did you take the axe along?" asked Siddhartha
– Miért vitted magaddal a fejszét? – kérdezte Sziddhárta
"It might have been possible that the oar of our boat got lost"
"Lehetséges, hogy a csónakunk evezője elveszett"
But Siddhartha knew what his friend was thinking
De Sziddhárta tudta, mire gondol a barátja
He thought, the boy would have thrown away the oar
Azt gondolta, a fiú eldobta volna az evezőt
in order to get some kind of revenge
hogy valamiféle bosszút álljon
and in order to keep them from following him
és hogy ne kövessék őt
And in fact, there was no oar left in the boat
És valójában nem maradt evező a csónakban
Vasudeva pointed to the bottom of the boat
Vasudeva a csónak fenekére mutatott
and he looked at his friend with a smile
és mosolyogva nézett barátjára
he smiled as if he wanted to say something
– mosolygott, mintha mondani akarna valamit
"Don't you see what your son is trying to tell you?"
– Nem látod, mit akar mondani a fiad?
"Don't you see that he doesn't want to be followed?"

– Nem látja, hogy nem akarja követni?
But he did not say this in words
De ezt nem szavakkal mondta
He started making a new oar
Új evezőt kezdett készíteni
But Siddhartha bid his farewell, to look for the run-away
De Sziddhárta elbúcsúzott, hogy megkeresse a szököttet
Vasudeva did not stop him from looking for his child
Vasudeva nem akadályozta meg abban, hogy keresse gyermekét

Siddhartha had been walking through the forest for a long time
Sziddhárta már régóta sétált az erdőben
the thought occurred to him that his search was useless
az a gondolat jutott eszébe, hogy haszontalan a keresése
Either the boy was far ahead and had already reached the city
Vagy a fiú messze járt, és már elérte a várost
or he would conceal himself from him
vagy eltitkolná magát előle
he continued thinking about his son
továbbra is a fiára gondolt
he found that he was not worried for his son
rájött, hogy nem aggódik a fiáért
he knew deep inside that he had not perished
legbelül tudta, hogy nem pusztult el
nor was he in any danger in the forest
és az erdőben sem volt veszélyben
Nevertheless, he ran without stopping
Ennek ellenére megállás nélkül futott
he was not running to save him
nem futott, hogy megmentse
he was running to satisfy his desire
vágya kielégítésére futott
he wanted to perhaps see him one more time

talán még egyszer látni akarta
And he ran up to just outside of the city
És felszaladt a város szélére
When, near the city, he reached a wide road
Amikor a város közelében egy széles útra ért
he stopped, by the entrance of the beautiful pleasure-garden
megállt, a gyönyörű vidámkert bejáratánál
the garden which used to belong to Kamala
a kert, amely korábban Kamalához tartozott
the garden where he had seen her for the first time
a kertben, ahol először látta
when she was sitting in her sedan-chair
amikor a szedánszékében ült
The past rose up in his soul
A múlt feltámadt a lelkében
again, he saw himself standing there
ismét látta magát ott állni
a young, bearded, naked Samana
egy fiatal, szakállas, meztelen Samana
his hair hair was full of dust
haja haja tele volt porral
For a long time, Siddhartha stood there
Sziddhárta sokáig állt ott
he looked through the open gate into the garden
a nyitott kapun át a kertbe nézett
he saw monks in yellow robes walking among the beautiful trees
sárga ruhás szerzeteseket látott sétálni a gyönyörű fák között
For a long time, he stood there, pondering
Sokáig állt ott, és töprengett
he saw images and listened to the story of his life
képeket látott és élete történetét hallgatta
For a long time, he stood there looking at the monks
Sokáig állt ott, és nézte a szerzeteseket
he saw young Siddhartha in their place
a fiatal Sziddhártát látta a helyükön

he saw young Kamala walking among the high trees
látta a fiatal Kamalát a magas fák között sétálni
Clearly, he saw himself being served food and drink by Kamala
Nyilvánvalóan látta, hogy Kamala ételt és italt szolgál fel
he saw himself receiving his first kiss from her
látta magát, amikor első csókját kapja tőle
he saw himself looking proudly and disdainfully back on his life as a Brahman
látta, hogy büszkén és megvetően néz vissza brahmankénti életére
he saw himself beginning his worldly life, proudly and full of desire
látta magát, amint büszkén és vágyakozással kezdi világi életét
He saw Kamaswami, the servants, the orgies
Látta Kamaswamit, a szolgákat, az orgiákat
he saw the gamblers with the dice
látta a szerencsejátékosokat a kockákkal
he saw Kamala's song-bird in the cage
meglátta Kamala énekesmadarát a ketrecben
he lived through all this again
újra átélte mindezt
he breathed Sansara and was once again old and tired
- lehelte Sansarát, és ismét öreg volt és fáradt
he felt the disgust and the wish to annihilate himself again
érezte az undort és a vágyat, hogy újra megsemmisítse magát
and he was healed again by the holy Om
és újra meggyógyult a szent Om által
for a long time Siddhartha had stood by the gate
hosszú ideig Sziddhárta állt a kapu mellett
he realised his desire was foolish
rájött, hogy a vágya ostobaság
he realized it was foolishness which had made him go up to this place
rájött, hogy ostobaság késztette fel erre a helyre

he realized he could not help his son
rájött, hogy nem tud segíteni a fián
and he realized that he was not allowed to cling to him
és rájött, hogy nem szabad belekapaszkodnia
he felt the love for the run-away deeply in his heart
szívében mélyen érezte a szökés iránti szeretetet
the love for his son felt like a wound
a fia iránti szeretetet sebnek érezte
but this wound had not been given to him in order to turn the knife in it
de ezt a sebet nem azért kapta, hogy elfordítsa benne a kést
the wound had to become a blossom
a sebnek virággá kellett válnia
and his wound had to shine
és a sebének ragyognia kellett
That this wound did not blossom or shine yet made him sad
Hogy ez a seb mégsem virágzott ki és nem ragyogott, elszomorította
Instead of the desired goal, there was emptiness
A kívánt cél helyett üresség volt
emptiness had drawn him here, and sadly he sat down
az üresség vonzotta ide, és szomorúan leült
he felt something dying in his heart
érezte, hogy valami haldoklik a szívében
he experienced emptiness and saw no joy any more
ürességet tapasztalt, és nem látott többé örömet
there was no goal for which to aim for
nem volt cél, amire törekedhetett volna
He sat lost in thought and waited
Gondolataiba merülve ült és várt
This he had learned by the river
Ezt a folyó mellett tanulta
waiting, having patience, listening attentively
várni, türelmesen, figyelmesen hallgatni
And he sat and listened, in the dust of the road
És ült és hallgatott, az út porában

he listened to his heart, beating tiredly and sadly
fáradtan és szomorúan dobogva hallgatott a szívére
and he waited for a voice
és egy hangra várt
Many an hour he crouched, listening
Sok órája leguggolt és hallgatott
he saw no images any more
nem látott többé képeket
he fell into emptiness and let himself fall
az ürességbe zuhant és hagyta magát zuhanni
he could see no path in front of him
nem látott utat maga előtt
And when he felt the wound burning, he silently spoke the Om
És amikor érezte, hogy ég a seb, némán kimondta az Om-ot
he filled himself with Om
teletöltötte magát Ommal
The monks in the garden saw him
A szerzetesek a kertben látták őt
dust was gathering on his gray hair
ősz haján gyűlt a por
since he crouched for many hours, one of monks placed two bananas in front of him
mivel sok órán át kuporgott, az egyik szerzetes két banánt tett elé
The old man did not see him
Az öreg nem látta

From this petrified state, he was awoken by a hand touching his shoulder
Ebből a megkövült állapotból egy vállát megérintő kéz ébresztette fel
Instantly, he recognised this tender bashful touch
Azonnal felismerte ezt a gyengéd, szemérmes érintést
Vasudeva had followed him and waited
Vasudeva követte és várt

he regained his senses and rose to greet Vasudeva
magához tért, és felállt, hogy üdvözölje Vasudevát
he looked into Vasudeva's friendly face
belenézett Vasudeva barátságos arcába
he looked into the small wrinkles
belenézett az apró ráncokba
his wrinkles were as if they were filled with nothing but his smile
ráncai olyanok voltak, mintha semmi mással nem teltek volna, csak a mosolyával
he looked into the happy eyes, and then he smiled too
– nézett a boldog szemekbe, majd ő is elmosolyodott
Now he saw the bananas lying in front of him
Most meglátta a banánokat maga előtt
he picked the bananas up and gave one to the ferryman
felkapta a banánokat, és adott egyet a révésznek
After eating the bananas, they silently went back into the forest
Miután megették a banánt, csendben visszamentek az erdőbe
they returned home to the ferry
hazatértek a komphoz
Neither one talked about what had happened that day
Egyikük sem beszélt arról, ami aznap történt
neither one mentioned the boy's name
egyikük sem említette a fiú nevét
neither one spoke about him running away
egyikük sem beszélt arról, hogy megszökött
neither one spoke about the wound
egyikük sem beszélt a sebről
In the hut, Siddhartha lay down on his bed
A kunyhóban Sziddhárta lefeküdt az ágyára
after a while Vasudeva came to him
egy idő után Vasudeva odajött hozzá
he offered him a bowl of coconut-milk
megkínálta egy tál kókusztejjel
but he was already asleep

de már aludt

Om

For a long time the wound continued to burn
A seb sokáig égett
Siddhartha had to ferry many travellers across the river
Sziddhártának sok utazót kellett átszállítania a folyón
many of the travellers were accompanied by a son or a daughter
sok utazót fia vagy lánya kísért
and he saw none of them without envying them
és egyiket sem látta anélkül, hogy ne irigyelte volna őket
he couldn't see them without thinking about his lost son
nem láthatta őket anélkül, hogy ne gondolt volna elveszett fiára
"So many thousands possess the sweetest of good fortunes"
"Oly sok ezren birtokolják a legédesebb szerencsét"
"why don't I also possess this good fortune?"
"miért nem bírom én is ezt a szerencsét?"
"even thieves and robbers have children and love them"
"még a tolvajoknak és rablóknak is vannak gyermekei, és szeretik őket"
"and they are being loved by their children"
"és szeretik őket a gyerekeik"
"all are loved by their children except for me"
"mindenkit szeretnek a gyerekei, kivéve engem"
he now thought like the childlike people, without reason
most úgy gondolta, mint a gyermeki emberek, ok nélkül
he had become one of the childlike people
a gyermeki emberek közé került
he looked upon people differently than before
másképp nézett az emberekre, mint korábban

he was less smart and less proud of himself
kevésbé volt okos és kevésbé büszke magára
but instead, he was warmer and more curious
ehelyett melegebb és kíváncsibb volt
when he ferried travellers, he was more involved than before
amikor utazókat szállított, jobban érintette, mint korábban
childlike people, businessmen, warriors, women
gyermeki emberek, üzletemberek, harcosok, nők
these people did not seem alien to him, as they used to
ezek az emberek nem tűntek számára idegennek, mint régen
he understood them and shared their life
megértette őket és megosztotta az életüket
a life which was not guided by thoughts and insight
egy élet, amelyet nem a gondolatok és a belátás vezéreltek
but a life guided solely by urges and wishes
hanem kizárólag késztetések és kívánságok vezérelte élet
he felt like the the childlike people
úgy érezte magát, mint a gyermeki emberek
he was bearing his final wound
utolsó sebét viselte
he was nearing perfection
a tökéletességhez közeledett
but the childlike people still seemed like his brothers
de a gyermeki emberek még mindig testvéreinek tűntek
their vanities, desires for possession were no longer ridiculous to him
hiúságuk, birtoklási vágyaik már nem voltak nevetségesek számára
they became understandable and lovable
érthetővé és szerethetővé váltak
they even became worthy of veneration to him
sőt méltóvá váltak számára a tiszteletre
The blind love of a mother for her child
Egy anya vak szeretete gyermeke iránt
the stupid, blind pride of a conceited father for his only son

egy beképzelt apa ostoba, vak büszkesége egyetlen fia iránt
the blind, wild desire of a young, vain woman for jewellery
egy fiatal, hiú nő vak, vad vágya az ékszerek után
her wish for admiring glances from men
a férfiak csodáló pillantásait kívánja
all of these simple urges were not childish notions
mindezek az egyszerű késztetések nem voltak gyerekes elképzelések
but they were immensely strong, living, and prevailing urges
de rendkívül erősek voltak, élő és uralkodó késztetések voltak
he saw people living for the sake of their urges
látott embereket a késztetéseikért élni
he saw people achieving rare things for their urges
látta az embereket, akik ritka dolgokat érnek el késztetéseik miatt
travelling, conducting wars, suffering
utazás, háborúk vezetése, szenvedés
they bore an infinite amount of suffering
végtelen sok szenvedést viseltek
and he could love them for it, because he saw life
és szerethette őket ezért, mert látta az életet
that what is alive was in each of their passions
hogy ami eleven, az mindegyik szenvedélyükben benne volt
that what is is indestructible was in their urges, the Brahman
hogy ami van, az elpusztíthatatlan, az ő késztetéseikben, a Brahmanban volt
these people were worthy of love and admiration
ezek az emberek megérdemelték a szeretetet és a csodálatot
they deserved it for their blind loyalty and blind strength
vak hűségükért és vak erejükért kiérdemelték
there was nothing that they lacked
nem volt semmi hiányuk
Siddhartha had nothing which would put him above the rest, except one thing

Sziddhártának semmi sem volt, ami a többiek fölé helyezné,
kivéve egy dolgot
there still was a small thing he had which they didn't
még mindig volt egy apró dolga, ami nekik nem volt
he had the conscious thought of the oneness of all life
tudatos gondolata volt az egész élet egységének
but Siddhartha even doubted whether this knowledge should be valued so highly
de Sziddhárta még abban is kételkedett, hogy ezt a tudást ilyen nagyra kell-e becsülni
it might also be a childish idea of the thinking people
az is lehet, hogy a gondolkodó emberek gyerekes elképzelése
the worldly people were of equal rank to the wise men
a világi emberek egyenrangúak voltak a bölcsekkel
animals too can in some moments seem to be superior to humans
Az állatok is néha felülmúlják az embereket
they are superior in their tough, unrelenting performance of what is necessary
felülmúlják a szükséges kemény, könyörtelen teljesítményét
an idea slowly blossomed in Siddhartha
Sziddhártában lassan kivirágzott egy ötlet
and the idea slowly ripened in him
és lassan megérett benne az ötlet
he began to see what wisdom actually was
kezdte látni, mi is valójában a bölcsesség
he saw what the goal of his long search was
látta, mi a célja hosszas keresésének
his search was nothing but a readiness of the soul
keresése nem volt más, mint a lélek készenléte
a secret art to think every moment, while living his life
titkos művészet, hogy minden pillanatban gondolkodjon, miközben éli életét
it was the thought of oneness
az egység gondolata volt
to be able to feel and inhale the oneness

hogy képes legyen érezni és belélegezni az egységet
Slowly this awareness blossomed in him
Lassan kivirágzott benne ez a tudat
it was shining back at him from Vasudeva's old, childlike face
visszasütött rá Vasudeva régi, gyermeki arcáról
harmony and knowledge of the eternal perfection of the world
harmónia és tudás a világ örök tökéletességéről
smiling and to be part of the oneness
mosolyogni és az egység része lenni
But the wound still burned
De a seb még mindig égett
longingly and bitterly Siddhartha thought of his son
sóvárogva és keserűen gondolt Sziddhárta a fiára
he nurtured his love and tenderness in his heart
szeretetét és gyengédségét a szívében táplálta
he allowed the pain to gnaw at him
hagyta, hogy a fájdalom rágja magát
he committed all foolish acts of love
minden ostoba szerelmi tettet elkövetett
this flame would not go out by itself
ez a láng nem alszik ki magától

one day the wound burned violently
egy napon hevesen égett a seb
driven by a yearning, Siddhartha crossed the river
vágyakozástól hajtva Sziddhárta átkelt a folyón
he got off the boat and was willing to go to the city
leszállt a hajóról és hajlandó volt a városba menni
he wanted to look for his son again
újra meg akarta keresni a fiát
The river flowed softly and quietly
A folyó lágyan és csendesen folyt
it was the dry season, but its voice sounded strange
száraz évszak volt, de a hangja furcsán csengett

it was clear to hear that the river laughed
jól lehetett hallani, hogy a folyó nevetett
it laughed brightly and clearly at the old ferryman
– nevetett fényesen és tisztán az öreg révészen
he bent over the water, in order to hear even better
a víz fölé hajolt, hogy még jobban halljon
and he saw his face reflected in the quietly moving waters
és látta az arcát tükröződni a csendesen mozgó vizeken
in this reflected face there was something
ebben a tükröződő arcban volt valami
something which reminded him, but he had forgotten
valami, ami emlékeztette, de elfelejtette
as he thought about it, he found it
ahogy gondolkodott, megtalálta
this face resembled another face which he used to know and love
ez az arc egy másik archoz hasonlított, amelyet korábban ismert és szeretett
but he also used to fear this face
de ő is félni szokott ettől az arctól
It resembled his father's face, the Brahman
Az apja, a Brahman arcára emlékeztetett
he remembered how he had forced his father to let him go
eszébe jutott, hogyan kényszerítette az apját, hogy engedje el
he remembered how he had bid his farewell to him
eszébe jutott, hogyan búcsúzott tőle
he remembered how he had gone and had never come back
eszébe jutott, hogyan ment, és soha nem jött vissza
Had his father not also suffered the same pain for him?
Nem szenvedett-e érte ugyanilyen fájdalmat az apja is?
was his father's pain not the pain Siddhartha is suffering now?
apja fájdalma nem az a fájdalom, amit most Sziddhárta szenved?
Had his father not long since died?
Az apja nem rég halt meg?

had he died without having seen his son again?
úgy halt meg, hogy nem látta újra a fiát?
Did he not have to expect the same fate for himself?
Nem kellett ugyanerre a sorsra számítania?
Was it not a comedy in a fateful circle?
Nem vígjáték volt egy sorsdöntő körben?
The river laughed about all of this
A folyó nevetett ezen az egészen
everything came back which had not been suffered
minden visszatért, amit nem szenvedtek el
everything came back which had not been solved
minden visszatért, ami nem volt megoldva
the same pain was suffered over and over again
ugyanazt a fájdalmat szenvedték el újra és újra
Siddhartha went back into the boat
Sziddhárta visszament a csónakba
and he returned back to the hut
és visszatért a kunyhóba
he was thinking of his father and of his son
az apjára és a fiára gondolt
he thought of having been laughed at by the river
arra gondolt, hogy a folyó kinevette
he was at odds with himself and tending towards despair
ellentétbe került önmagával, és hajlamos a kétségbeesés felé
but he was also tempted to laugh
de nevetni is csábított
he could laugh at himself and the entire world
tudott nevetni önmagán és az egész világon
Alas, the wound was not blossoming yet
Jaj, a seb még nem virágzott ki
his heart was still fighting his fate
szíve még mindig a sorsával küzdött
cheerfulness and victory were not yet shining from his suffering
szenvedéséből még nem ragyogott a vidámság és a győzelem
Nevertheless, he felt hope along with the despair

Ennek ellenére reményt érzett a kétségbeeséssel együtt
once he returned to the hut he felt an undefeatable desire to open up to Vasudeva
amint visszatért a kunyhóba, legyőzhetetlen vágyat érzett, hogy megnyíljon Vasudeva felé
he wanted to show him everything
mindent meg akart mutatni neki
he wanted to say everything to the master of listening
mindent el akart mondani a hallgatás mesterének

Vasudeva was sitting in the hut, weaving a basket
Vasudeva a kunyhóban ült, és kosarat font
He no longer used the ferry-boat
Már nem használta a kompot
his eyes were starting to get weak
a szeme kezdett elgyengülni
his arms and hands were getting weak as well
a karja és a keze is elgyengült
only the joy and cheerful benevolence of his face was unchanging
csak arcának öröme és vidám jóindulata volt változatlan
Siddhartha sat down next to the old man
Sziddhárta leült az öregember mellé
slowly, he started talking about what they had never spoke about
lassan arról kezdett beszélni, amiről soha nem beszéltek
he told him of his walk to the city
elmesélte neki a városba tett sétát
he told at him of the burning wound
mesélt neki az égő sebről
he told him about the envy of seeing happy fathers
mesélt neki az irigységről, hogy boldog apákat lát
his knowledge of the foolishness of such wishes
tudását az ilyen kívánságok ostobaságáról
his futile fight against his wishes
hiábavaló harca a kívánságai ellen

he was able to say everything, even the most embarrassing parts
mindent el tudott mondani, még a legkínosabb részeket is
he told him everything he could tell him
mindent elmondott neki, amit csak tudott
he showed him everything he could show him
mindent megmutatott neki, amit csak tudott
He presented his wound to him
Bemutatta neki a sebét
he also told him how he had fled today
azt is elmondta neki, hogyan menekült ma
he told him how he ferried across the water
elmesélte neki, hogyan kelt át a vízen
a childish run-away, willing to walk to the city
gyerekes menekülő, hajlandó gyalogolni a városba
and he told him how the river had laughed
és elmondta neki, hogyan nevetett a folyó
he spoke for a long time
hosszan beszélt
Vasudeva was listening with a quiet face
Vasudeva csendes arccal hallgatta
Vasudeva's listening gave Siddhartha a stronger sensation than ever before
Vasudeva hallgatása erősebb érzést keltett Sziddhártában, mint valaha
he sensed how his pain and fears flowed over to him
érezte, hogyan árad át rá a fájdalma és a félelme
he sensed how his secret hope flowed over him
megérezte, hogyan árad szét benne titkos reménye
To show his wound to this listener was the same as bathing it in the river
A sebét ennek a hallgatónak megmutatni ugyanaz volt, mint a folyóban megfürdetni
the river would have cooled Siddhartha's wound
a folyó lehűtötte volna Sziddhárta sebét
the quiet listening cooled Siddhartha's wound

a csendes hallgatás lehűtötte Sziddhárta sebét
it cooled him until he become one with the river
addig hűtötte, míg eggyé vált a folyóval
While he was still speaking, still admitting and confessing
Amíg még beszélt, még mindig beismerve és gyónva
Siddhartha felt more and more that this was no longer Vasudeva
Sziddhárta egyre jobban érezte, hogy ez már nem Vasudeva
it was no longer a human being who was listening to him
már nem emberi lény hallgatta őt
this motionless listener was absorbing his confession into himself
ez a mozdulatlan hallgató magába szívta vallomását
this motionless listener was like a tree the rain
ez a mozdulatlan hallgató olyan volt, mint a fa az eső
this motionless man was the river itself
ez a mozdulatlan ember maga volt a folyó
this motionless man was God himself
ez a mozdulatlan ember maga Isten volt
the motionless man was the eternal itself
a mozdulatlan ember maga volt az örökkévaló
Siddhartha stopped thinking of himself and his wound
Sziddhárta nem gondolt többé önmagára és a sebére
this realisation of Vasudeva's changed character took possession of him
Vasudeva megváltozott jellemének ez a felismerése vette hatalmába
and the more he entered into it, the less wondrous it became
és minél jobban belelépett, annál kevésbé lett csodálatos
the more he realised that everything was in order and natural
annál inkább rájött, hogy minden rendben és természetes
he realised that Vasudeva had already been like this for a long time
rájött, hogy Vasudeva már régóta ilyen volt
he had just not quite recognised it yet

csak még nem egészen ismerte fel
yes, he himself had almost reached the same state
igen, ő maga is majdnem ugyanebbe az állapotba jutott
He felt, that he was now seeing old Vasudeva as the people see the gods
Érezte, hogy most úgy látja az öreg Vasudevát, ahogy az emberek látják az isteneket
and he felt that this could not last
és úgy érezte, ez nem tarthat sokáig
in his heart, he started bidding his farewell to Vasudeva
szívében elkezdett búcsút venni Vasudevától
Throughout all this, he talked incessantly
Mindezek alatt szüntelenül beszélt
When he had finished talking, Vasudeva turned his friendly eyes at him
Amikor befejezte a beszédet, Vasudeva barátságos tekintetét rá fordította
the eyes which had grown slightly weak
a szemek, amelyek kissé elgyengültek
he said nothing, but let his silent love and cheerfulness shine
nem szólt semmit, de hagyta, hogy néma szeretete és vidámsága felragyogjon
his understanding and knowledge shone from him
megértése és tudása ragyogott belőle
He took Siddhartha's hand and led him to the seat by the bank
Megfogta Sziddhárta kezét, és a bank melletti ülésre vezette
he sat down with him and smiled at the river
leült vele, és a folyóra mosolygott
"You've heard it laugh," he said
– Hallottad már nevetni – mondta
"But you haven't heard everything"
"De nem hallottál mindent"
"Let's listen, you'll hear more"
"Hallgassunk, hallani fogsz még"

Softly sounded the river, singing in many voices
Halkan zúgott a folyó, sok hangon énekelve
Siddhartha looked into the water
Sziddhárta a vízbe nézett
images appeared to him in the moving water
képek jelentek meg neki a mozgó vízben
his father appeared, lonely and mourning for his son
megjelent az apja, magányosan és gyászolva fiát
he himself appeared in the moving water
ő maga jelent meg a mozgó vízben
he was also being tied with the bondage of yearning to his distant son
a vágyakozás rabságával is megkötötték távoli fiához
his son appeared, lonely as well
megjelent a fia, aki szintén magányos volt
the boy, greedily rushing along the burning course of his young wishes
a fiú, mohón rohanva végig fiatal vágyainak égető pályáján
each one was heading for his goal
mindegyik a célja felé tartott
each one was obsessed by the goal
mindegyik a cél megszállottja volt
each one was suffering from the pursuit
mindegyik szenvedett az üldözéstől
The river sang with a voice of suffering
A folyó a szenvedés hangján énekelt
longingly it sang and flowed towards its goal
sóvárogva énekelt és áradt a célja felé
"Do you hear?" Vasudeva asked with a mute gaze
– Hallod? – kérdezte Vasudeva néma tekintettel
Siddhartha nodded in reply
Sziddhárta válaszul bólintott
"Listen better!" Vasudeva whispered
– Figyelj jobban! – suttogta Vasudeva
Siddhartha made an effort to listen better
Sziddhárta igyekezett jobban figyelni

The image of his father appeared
Megjelent az apja képe
his own image merged with his father's
a saját képe összeolvadt az apjáéval
the image of his son merged with his image
a fia képe összeolvadt az ő képével
Kamala's image also appeared and was dispersed
Kamala képe is megjelent és szétoszlott
and the image of Govinda, and other images
és Govinda képe és más képek
and all the imaged merged with each other
és az összes képzett összeolvadt egymással
all the imaged turned into the river
az összes képzett a folyóba fordult
being the river, they all headed for the goal
lévén a folyó, mindannyian a cél felé tartottak
longing, desiring, suffering flowed together
sóvárgás, vágy, szenvedés ömlött össze
and the river's voice sounded full of yearning
és a folyó hangja tele volt vágyakozással
the river's voice was full of burning woe
a folyó hangja tele volt égető jajjal
the river's voice was full of unsatisfiable desire
a folyó hangja tele volt kielégíthetetlen vággyal
For the goal, the river was heading
A cél felé a folyó haladt
Siddhartha saw the river hurrying towards its goal
Sziddhárta látta, hogy a folyó a cél felé siet
the river of him and his loved ones and of all people he had ever seen
az ő és szerettei folyója és minden ember folyója, akit valaha látott
all of these waves and waters were hurrying
ezek a hullámok és vizek mind sietősek voltak
they were all suffering towards many goals
mindannyian sok célért szenvedtek

the waterfall, the lake, the rapids, the sea
a vízesés, a tó, a zuhatag, a tenger
and all goals were reached
és minden cél megvalósult
and every goal was followed by a new one
és minden gólt új követett
and the water turned into vapour and rose to the sky
és a víz gőzzé változott és az ég felé emelkedett
the water turned into rain and poured down from the sky
a víz esővé változott és ömlött az égből
the water turned into a source
a víz forrássá változott
then the source turned into a stream
majd a forrás patakká változott
the stream turned into a river
a patak folyóvá változott
and the river headed forwards again
és a folyó ismét előre indult
But the longing voice had changed
De a vágyakozó hang megváltozott
It still resounded, full of suffering, searching
Még mindig zengett, tele szenvedéssel, kereséssel
but other voices joined the river
de más hangok is csatlakoztak a folyóhoz
there were voices of joy and of suffering
az öröm és a szenvedés hangjai hallatszottak
good and bad voices, laughing and sad ones
jó és rossz hangok, nevetők és szomorúak
a hundred voices, a thousand voices
száz hang, ezer hang
Siddhartha listened to all these voices
Sziddhárta hallgatta ezeket a hangokat
He was now nothing but a listener
Most már nem volt más, mint hallgató
he was completely concentrated on listening
teljesen a hallgatásra koncentrált

he was completely empty now
most teljesen üres volt
he felt that he had now finished learning to listen
úgy érezte, befejezte a hallgatás megtanulását
Often before, he had heard all this
Korábban gyakran hallotta mindezt
he had heard these many voices in the river
hallotta ezt a sok hangot a folyóban
today the voices in the river sounded new
ma új hangok szóltak a folyóban
Already, he could no longer tell the many voices apart
Már nem tudta megkülönböztetni a sok hangot
there was no difference between the happy voices and the weeping ones
nem volt különbség a boldog és a síró hangok között
the voices of children and the voices of men were one
a gyerekek és a férfiak hangja egy volt
all these voices belonged together
ezek a hangok összetartoztak
the lamentation of yearning and the laughter of the knowledgeable one
a vágyakozás siránkozása és a hozzáértő nevetése
the scream of rage and the moaning of the dying ones
a düh sikolya és a haldoklók nyögése
everything was one and everything was intertwined
minden egy volt és minden összefonódott
everything was connected and entangled a thousand times
minden ezerszer összefüggött és összegabalyodott
everything together, all voices, all goals
mindent együtt, minden hangot, minden célt
all yearning, all suffering, all pleasure
minden vágy, minden szenvedés, minden öröm
all that was good and evil
minden, ami jó és rossz volt
all of this together was the world
mindez együtt volt a világ

All of it together was the flow of events
Mindez együtt az események folyása volt
all of it was the music of life
mindez az élet zenéje volt
when Siddhartha was listening attentively to this river
amikor Sziddhárta figyelmesen hallgatta ezt a folyót
the song of a thousand voices
az ezer hang dala
when he neither listened to the suffering nor the laughter
amikor nem hallgatta sem a szenvedést, sem a nevetést
when he did not tie his soul to any particular voice
amikor nem kötötte le a lelkét egyetlen hanghoz sem
when he submerged his self into the river
amikor alámerítette önmagát a folyóba
but when he heard them all he perceived the whole, the oneness
de amikor mindegyiket hallotta, felfogta az egészet, az egységet
then the great song of the thousand voices consisted of a single word
akkor az ezer hang nagy dala egyetlen szóból állt
this word was Om; the perfection
ez a szó Om volt; a tökéletesség

"Do you hear" Vasudeva's gaze asked again
– Hallod? – kérdezte ismét Vasudeva tekintete
Brightly, Vasudeva's smile was shining
Vasudeva mosolya ragyogóan ragyogott
it was floating radiantly over all the wrinkles of his old face
sugárzóan lebegett régi arcának minden ráncán
the same way the Om was floating in the air over all the voices of the river
ugyanúgy az Om lebegett a levegőben a folyó összes hangja fölött
Brightly his smile was shining, when he looked at his friend
A mosolya ragyogóan ragyogott, amikor barátjára nézett

and brightly the same smile was now starting to shine on Siddhartha's face
és ragyogóan ugyanaz a mosoly kezdett ragyogni Siddhartha arcán
His wound had blossomed and his suffering was shining
A sebe kivirágzott, és a szenvedése ragyogott
his self had flown into the oneness
énje az egységbe repült
In this hour, Siddhartha stopped fighting his fate
Ebben az órában Sziddhárta abbahagyta a sorsa elleni küzdelmet
at the same time he stopped suffering
ugyanakkor abbahagyta a szenvedést
On his face flourished the cheerfulness of a knowledge
Arcán a tudás vidámsága virított
a knowledge which was no longer opposed by any will
olyan tudás, amivel többé nem szállt szembe semmi akarat
a knowledge which knows perfection
tudás, amely ismeri a tökéletességet
a knowledge which is in agreement with the flow of events
olyan tudás, amely összhangban van az események folyásával
a knowledge which is with the current of life
olyan tudás, amely az élet áramlatával van együtt
full of sympathy for the pain of others
tele együttérzéssel mások fájdalma iránt
full of sympathy for the pleasure of others
tele együttérzéssel mások örömére
devoted to the flow, belonging to the oneness
az áramlásnak szentelt, az egységhez tartozó
Vasudeva rose from the seat by the bank
Vasudeva felállt a bank melletti székről
he looked into Siddhartha's eyes
– nézett Sziddhárta szemébe
and he saw the cheerfulness of the knowledge shining in his eyes
és látta a tudás vidámságát felcsillanni a szemében

he softly touched his shoulder with his hand
kezével lágyan megérintette a vállát
"I've been waiting for this hour, my dear"
"Vártam ezt az órát, kedvesem"
"Now that it has come, let me leave"
"Most, hogy eljött, hadd menjek el"
"For a long time, I've been waiting for this hour"
"Régóta vártam ezt az órát"
"for a long time, I've been Vasudeva the ferryman"
"Sokáig én voltam Vasudeva, a révész"
"Now it's enough. Farewell"
"Most elég. Búcsú"
"farewell river, farewell Siddhartha!"
"búcsú folyó, viszlát Sziddhárta!"
Siddhartha made a deep bow before him who bid his farewell
Sziddhárta mélyen meghajolt előtte, aki búcsút vett
"I've known it," he said quietly
– Tudtam – mondta csendesen
"You'll go into the forests?"
– Bemész az erdőbe?
"I'm going into the forests"
"Elmegyek az erdőbe"
"I'm going into the oneness" spoke Vasudeva with a bright smile
„Bemegyek az egységbe" – mondta Vasudeva ragyogó mosollyal
With a bright smile, he left
Ragyogó mosollyal távozott
Siddhartha watched him leaving
Sziddhárta nézte, ahogy távozik
With deep joy, with deep solemnity he watched him leave
Mély örömmel, mély ünnepélyességgel nézte, ahogy távozik
he saw his steps were full of peace
látta, hogy lépései csupa békesség
he saw his head was full of lustre

látta, hogy a feje csupa csillogás
he saw his body was full of light
látta, hogy a teste tele van fénnyel

Govinda

Govinda had been with the monks for a long time
Govinda sokáig a szerzetesekkel volt
when not on pilgrimages, he spent his time in the pleasure-garden
amikor nem zarándokolt, az örömkertben töltötte idejét
the garden which the courtesan Kamala had given the followers of Gotama
a kertet, amelyet Kamala udvarhölgy adott Gótama követőinek
he heard talk of an old ferryman, who lived a day's journey away
hallott beszélni egy öreg révészről, aki egynapi útra lakott tőle
he heard many regarded him as a wise man
hallotta, hogy sokan bölcs embernek tartják
When Govinda went back, he chose the path to the ferry
Amikor Govinda visszament, a komphoz vezető utat választotta
he was eager to see the ferryman
alig várta, hogy lássa a révészt
he had lived his entire life by the rules
egész életét a szabályok szerint élte le
he was looked upon with veneration by the younger monks
tisztelettel néztek rá a fiatalabb szerzetesek
they respected his age and modesty
tisztelték korát és szerénységét
but his restlessness had not perished from his heart
de nyugtalansága nem veszett ki a szívéből
he was searching for what he had not found
azt kereste, amit nem talált
He came to the river and asked the old man to ferry him over
A folyóhoz ért, és megkérte az öreget, hogy vigye át
when they got off the boat on the other side, he spoke with the old man
amikor a másik oldalon leszálltak a hajóról, beszélt az öreggel

"You're very good to us monks and pilgrims"
"Nagyon jó vagy hozzánk, szerzetesekhez és zarándokokhoz"
"you have ferried many of us across the river"
"Sokunkat átvittél a folyón"
"Aren't you too, ferryman, a searcher for the right path?"
– Nem vagy te is, révész, a helyes út keresője?
smiling from his old eyes, Siddhartha spoke
öreg szeméből mosolyogva Siddhartha beszélt
"oh venerable one, do you call yourself a searcher?"
– ó, tisztelendő, keresőnek nevezed magad?
"are you still a searcher, although already well in years?"
"Még mindig kereső vagy, bár évek óta jól van?"
"do you search while wearing the robe of Gotama's monks?"
– Gotama szerzeteseinek köntösében keresel?
"It's true, I'm old," spoke Govinda
– Igaz, öreg vagyok – mondta Govinda
"but I haven't stopped searching"
"de nem hagytam abba a keresést"
"I will never stop searching"
"Soha nem hagyom abba a keresést"
"this seems to be my destiny"
"úgy tűnik, ez a sorsom"
"You too, so it seems to me, have been searching"
"Számomra úgy tűnik, te is kerestél"
"Would you like to tell me something, oh honourable one?"
– Szeretnél nekem valamit mondani, ó, tisztelt?
"What might I have that I could tell you, oh venerable one?"
– Mit mondhatnék neked, ó, tiszteletreméltó?
"Perhaps I could tell you that you're searching far too much?"
– Talán elmondhatnám, hogy túl sokat keresel?
"Could I tell you that you don't make time for finding?"
– Megmondhatnám, hogy nincs időd megtalálni?
"How come?" asked Govinda
– Hogyhogy? kérdezte Govinda

"When someone is searching they might only see what they search for"
"Ha valaki keres, csak azt látja, amit keres."
"he might not be able to let anything else enter his mind"
"Talán nem tud mást beengedni a fejébe"
"he doesn't see what he is not searching for"
"nem látja, amit nem keres"
"because he always thinks of nothing but the object of his search"
"mert mindig semmi másra nem gondol, csak a keresés tárgyára"
"he has a goal, which he is obsessed with"
"van egy célja, aminek megszállottja"
"Searching means having a goal"
"A keresés azt jelenti, hogy van egy cél"
"But finding means being free, open, and having no goal"
"De megtalálni azt jelenti, hogy szabadnak, nyitottnak lenni, és nincs célja."
"You, oh venerable one, are perhaps indeed a searcher"
"Te, ó, tiszteletreméltó, talán valóban kereső vagy"
"because, when striving for your goal, there are many things you don't see"
"Mert amikor a célodra törekszel, sok mindent nem látsz"
"you might not see things which are directly in front of your eyes"
"Lehet, hogy nem látod azokat a dolgokat, amelyek közvetlenül a szemed előtt vannak"
"I don't quite understand yet," said Govinda, "what do you mean by this?"
– Még nem egészen értem – mondta Govinda –, mit akarsz ezzel mondani?
"oh venerable one, you've been at this river before, a long time ago"
"Ó, tiszteletreméltó, régen jártál ennél a folyónál"
"and you have found a sleeping man by the river"
"És találtál egy alvó embert a folyó mellett"

"you have sat down with him to guard his sleep"
"Leültél vele, hogy őrizd az álmát"
"but, oh Govinda, you did not recognise the sleeping man"
"De ó, Govinda, nem ismerted fel az alvó embert"
Govinda was astonished, as if he had been the object of a magic spell
Govinda elképedt, mintha varázslat tárgya lett volna
the monk looked into the ferryman's eyes
a szerzetes a révész szemébe nézett
"Are you Siddhartha?" he asked with a timid voice
– Te vagy Sziddhárta? – kérdezte félénk hangon
"I wouldn't have recognised you this time either!"
– Ezúttal sem ismertelek volna fel!
"from my heart, I'm greeting you, Siddhartha"
"Szívemből üdvözöllek, Sziddhárta"
"from my heart, I'm happy to see you once again!"
"Szívből örülök, hogy újra látlak!"
"You've changed a lot, my friend"
"Sokat változtál, barátom"
"and you've now become a ferryman?"
– És most révész lettél?
In a friendly manner, Siddhartha laughed
Sziddhárta barátságosan felnevetett
"yes, I am a ferryman"
"igen, révész vagyok"
"Many people, Govinda, have to change a lot"
"Sok embernek, Govinda, sokat kell változnia"
"they have to wear many robes"
"sok köntöst kell viselniük"
"I am one of those who had to change a lot"
"Azok közé tartozom, akiknek sokat kellett változniuk"
"Be welcome, Govinda, and spend the night in my hut"
– Szívesen, Govinda, és töltsd az éjszakát a kunyhómban!
Govinda stayed the night in the hut
Govinda a kunyhóban maradt éjszakára
he slept on the bed which used to be Vasudeva's bed

azon az ágyon aludt, amely korábban Vasudeva ágya volt
he posed many questions to the friend of his youth
sok kérdést tett fel ifjúkori barátjának
Siddhartha had to tell him many things from his life
Sziddhártának sok mindent el kellett mondania az életéből

then the next morning came
aztán eljött a másnap reggel
the time had come to start the day's journey
eljött az idő, hogy megkezdjük a napi utazást
without hesitation, Govinda asked one more question
Govinda habozás nélkül feltett még egy kérdést
"Before I continue on my path, Siddhartha, permit me to ask one more question"
"Mielőtt folytatom az utamat, Sziddhárta, engedd meg, hogy feltegyek még egy kérdést."
"Do you have a teaching that guides you?"
– Van olyan tanításod, ami vezérel?
"Do you have a faith or a knowledge you follow"
"Van-e hited vagy tudásod, amit követsz"
"is there a knowledge which helps you to live and do right?"
"Van olyan tudás, ami segít abban, hogy helyesen élj és cselekedj?"
"You know well, my dear, I have always been distrustful of teachers"
– Jól tudod, kedvesem, én mindig is bizalmatlan voltam a tanárokkal szemben.
"as a young man I already started to doubt teachers"
"Fiatalként már kezdtem kételkedni a tanárokban"
"when we lived with the penitents in the forest, I distrusted their teachings"
"Amikor a bűnbánókkal éltünk az erdőben, nem bíztam a tanításaikban"
"and I turned my back to them"
"és hátat fordítottam nekik"
"I have remained distrustful of teachers"

"Bizeletlen maradtam a tanárokkal szemben"
"Nevertheless, I have had many teachers since then"
"Azóta azonban sok tanárom volt"
"A beautiful courtesan has been my teacher for a long time"
"Egy gyönyörű udvarhölgy már régóta a tanárom"
"a rich merchant was my teacher"
"egy gazdag kereskedő volt a tanárom"
"and some gamblers with dice taught me"
"és néhány kockás szerencsejátékos megtanított"
"Once, even a follower of Buddha has been my teacher"
"Egyszer még Buddha követője is volt a tanítóm"
"he was travelling on foot, pilgering"
"gyalog utazott, zarándokolt"
"and he sat with me when I had fallen asleep in the forest"
"És velem ült, amikor elaludtam az erdőben"
"I've also learned from him, for which I'm very grateful"
"Én is tanultam tőle, amiért nagyon hálás vagyok"
"But most of all, I have learned from this river"
"De leginkább ebből a folyóból tanultam"
"and I have learned most from my predecessor, the ferryman Vasudeva"
"És a legtöbbet elődömtől, a révész Vasudevától tanultam"
"He was a very simple person, Vasudeva, he was no thinker"
"Nagyon egyszerű ember volt, Vasudeva, nem volt gondolkodó."
"but he knew what is necessary just as well as Gotama"
"de pontosan tudta, mire van szükség, mint Gótama"
"he was a perfect man, a saint"
"tökéletes ember volt, szent"
"Siddhartha still loves to mock people, it seems to me"
"Sziddhárta még mindig szereti kigúnyolni az embereket, úgy tűnik számomra"
"I believe in you and I know that you haven't followed a teacher"
"Hiszek benned, és tudom, hogy nem követtél tanárt"
"But haven't you found something by yourself?"

– De nem találtál valamit egyedül?
"though you've found no teachings, you still found certain thoughts"
"Bár nem találtál tanításokat, mégis találtál bizonyos gondolatokat"
"certain insights, which are your own"
"bizonyos meglátások, amelyek az ön sajátjai"
"insights which help you to live"
"meglátások, amelyek segítenek élni"
"Haven't you found something like this?"
– Nem találtál ilyesmit?
"If you would like to tell me, you would delight my heart"
"Ha szeretnéd elmondani, megörvendeztetnéd a szívemet"
"you are right, I have had thoughts and gained many insights"
"Igazad van, voltak gondolataim és sok meglátásom volt"
"Sometimes I have felt knowledge in me for an hour"
"Néha egy órája érzem magamban a tudást"
"at other times I have felt knowledge in me for an entire day"
"Máskor egy egész napra éreztem magamban a tudást"
"the same knowledge one feels when one feels life in one's heart"
"ugyanaz a tudás, amit akkor érez, amikor életet érez a szívében"
"There have been many thoughts"
"Sok gondolat volt már"
"but it would be hard for me to convey these thoughts to you"
"de nehéz lenne átadnom neked ezeket a gondolatokat"
"my dear Govinda, this is one of my thoughts which I have found"
"Kedves Govindám, ez az egyik gondolatom, amit találtam"
"wisdom cannot be passed on"
"a bölcsesség nem adható tovább"

"Wisdom which a wise man tries to pass on always sounds like foolishness"
"A bölcsesség, amelyet a bölcs megpróbál továbbadni, mindig bolondságnak tűnik."
"Are you kidding?" asked Govinda
– Viccelsz? kérdezte Govinda
"I'm not kidding, I'm telling you what I have found"
"Nem viccelek, elmondom mit találtam"
"Knowledge can be conveyed, but wisdom can't"
"A tudást át lehet adni, de a bölcsességet nem."
"wisdom can be found, it can be lived"
"A bölcsesség megtalálható, meg lehet élni"
"it is possible to be carried by wisdom"
"lehetséges, hogy a bölcsesség hordozza"
"miracles can be performed with wisdom"
"bölcsességgel csodákat lehet tenni"
"but wisdom cannot be expressed in words or taught"
"de a bölcsességet nem lehet szavakkal kifejezni vagy tanítani"
"This was what I sometimes suspected, even as a young man"
"Ez volt az, amit néha gyanítottam, még fiatalemberként"
"this is what has driven me away from the teachers"
"Ez az, ami eltántorított a tanároktól"
"I have found a thought which you'll regard as foolishness"
"Találtam egy gondolatot, amelyet ostobaságnak fogsz tartani"
"but this thought has been my best"
"de ez a gondolatom volt a legjobb"
"The opposite of every truth is just as true!"
"Minden igazság ellentéte éppúgy igaz!"
"any truth can only be expressed when it is one-sided"
"Bármely igazságot csak akkor lehet kifejezni, ha egyoldalú"
"only one sided things can be put into words"
"csak egyoldalú dolgokat lehet szavakba önteni"
"Everything which can be thought is one-sided"
"Minden, ami elgondolható, egyoldalú"
"it's all one-sided, so it's just one half"

"minden egyoldalú, tehát csak az egyik fele"
"it all lacks completeness, roundness, and oneness"
"mindenből hiányzik a teljesség, a kerekség és az egység"
"the exalted Gotama spoke in his teachings of the world"
"a magasztos Gótama beszélt a világról szóló tanításaiban"
"but he had to divide the world into Sansara and Nirvana"
"de fel kellett osztania a világot Sansarára és Nirvánára"
"he had divided the world into deception and truth"
"felosztotta a világot csalásra és igazságra"
"he had divided the world into suffering and salvation"
„szenvedésre és üdvösségre osztotta a világot"
"the world cannot be explained any other way"
"a világ nem magyarázható másképp"
"there is no other way to explain it, for those who want to teach"
"nincs más magyarázata annak, aki tanítani akar"
"But the world itself is never one-sided"
"De maga a világ sosem egyoldalú"
"the world exists around us and inside of us"
"a világ létezik körülöttünk és bennünk"
"A person or an act is never entirely Sansara or entirely Nirvana"
"Egy személy vagy egy cselekedet soha nem teljesen Sansara vagy teljesen Nirvána"
"a person is never entirely holy or entirely sinful"
"egy személy soha nem teljesen szent vagy teljesen bűnös"
"It seems like the world can be divided into these opposites"
"Úgy tűnik, a világ felosztható ezekre az ellentétekre"
"but that's because we are subject to deception"
"de ez azért van, mert megtévesztésnek vagyunk kitéve"
"it's as if the deception was something real"
"olyan, mintha a megtévesztés valódi lenne"
"Time is not real, Govinda"
"Az idő nem igazi, Govinda"
"I have experienced this often and often again"
"Gyakran és újra átéltem ezt"

"when time is not real, the gap between the world and the eternity is also a deception"
"amikor az idő nem valós, a világ és az örökkévalóság közötti szakadék is csalás"
"the gap between suffering and blissfulness is not real"
"A szenvedés és a boldogság közötti szakadék nem valós"
"there is no gap between evil and good"
"nincs szakadék rossz és jó között"
"all of these gaps are deceptions"
"ezek a hiányosságok mind megtévesztés"
"but these gaps appear to us nonetheless"
"de ezek a hiányosságok mégis megjelennek előttünk"
"How come?" asked Govinda timidly
– Hogyhogy? – kérdezte Govinda félénken
"Listen well, my dear," answered Siddhartha
– Jól figyelj, kedvesem – válaszolta Sziddhárta
"The sinner, which I am and which you are, is a sinner"
"A bűnös, aki én vagyok és aki te, az bűnös."
"but in times to come the sinner will be Brahma again"
"de az elkövetkező időkben a bűnös ismét Brahma lesz"
"he will reach the Nirvana and be Buddha"
"eléri a Nirvánát és Buddha lesz"
"the times to come are a deception"
"Az elkövetkező idők megtévesztés"
"the times to come are only a parable!"
"Az eljövendő idők csak példázatok!"
"The sinner is not on his way to become a Buddha"
"A bűnös nem arra készül, hogy Buddhává váljon"
"he is not in the process of developing"
"nincs fejlődési folyamatban"
"our capacity for thinking does not know how else to picture these things"
"Gondolkodóképességünk nem tudja másként elképzelni ezeket a dolgokat"
"No, within the sinner there already is the future Buddha"
"Nem, a bűnösben már ott van a jövő Buddha"

"his future is already all there"
"a jövője már ott van"
"you have to worship the Buddha in the sinner"
"Buddhát kell imádnod a bűnösben"
"you have to worship the Buddha hidden in everyone"
"A mindenkiben rejtőző Buddhát kell imádnod"
"the hidden Buddha which is coming into being the possible"
"a rejtett Buddha, amely létrejön, a lehetséges"
"The world, my friend Govinda, is not imperfect"
"A világ, Govinda barátom, nem tökéletlen"
"the world is on no slow path towards perfection"
"a világ nem halad lassú úton a tökéletesség felé"
"no, the world is perfect in every moment"
"Nem, a világ minden pillanatban tökéletes"
"all sin already carries the divine forgiveness in itself"
"Minden bűn már magában hordozza az isteni megbocsátást"
"all small children already have the old person in themselves"
"minden kisgyerekben már benne van az öreg ember"
"all infants already have death in them"
"Minden csecsemőben van már a halál"
"all dying people have the eternal life"
"minden haldoklónak van örök élete"
"we can't see how far another one has already progressed on his path"
"Nem látjuk, meddig jutott már el egy másik az ő útján"
"in the robber and dice-gambler, the Buddha is waiting"
"a rablóban és a kockajátékosban a Buddha vár"
"in the Brahman, the robber is waiting"
"A Brahmanban a rabló vár"
"in deep meditation, there is the possibility to put time out of existence"
"A mély meditációban lehetőség van arra, hogy időt szakítsunk a létezésből"
"there is the possibility to see all life simultaneously"

"lehetőség van egyszerre látni az egész életet"
"it is possible to see all life which was, is, and will be"
"Látható minden élet, ami volt, van és lesz"
"and there everything is good, perfect, and Brahman"
"És ott minden jó, tökéletes és Brahman"
"Therefore, I see whatever exists as good"
"Ezért azt látom, ami létezik, azt jónak tartom"
"death is to me like life"
"Számomra a halál olyan, mint az élet"
"to me sin is like holiness"
"Számomra a bűn olyan, mint a szentség"
"wisdom can be like foolishness"
"A bölcsesség olyan lehet, mint a bolondság"
"everything has to be as it is"
"mindennek úgy kell lennie, ahogy van"
"everything only requires my consent and willingness"
"mindenhez csak az én beleegyezésem és hajlandóságom kell"
"all that my view requires is my loving agreement to be good for me"
"A nézetem csak azt kívánja meg, hogy szerető egyetértésben legyek jó nekem"
"my view has to do nothing but work for my benefit"
"Az én nézetemnek nem kell mást tennie, mint a javamra dolgozni"
"and then my perception is unable to ever harm me"
"és akkor az érzékelésem soha nem tud ártani nekem"
"I have experienced that I needed sin very much"
"Megtapasztaltam, hogy nagy szükségem van a bűnre"
"I have experienced this in my body and in my soul"
"Megtapasztaltam ezt testemben és lelkemben"
"I needed lust, the desire for possessions, and vanity"
"Szükségem volt a vágyra, a birtokvágyra és a hiúságra"
"and I needed the most shameful despair"
"és a legszégyenletesebb kétségbeesésre volt szükségem"
"in order to learn how to give up all resistance"
"hogy megtanuljak feladni minden ellenállást"

"in order to learn how to love the world"
"hogy megtanuljam szeretni a világot"
"in order to stop comparing things to some world I wished for"
"hogy ne hasonlítsam össze a dolgokat valami olyan világgal, amelyre vágytam"
"I imagined some kind of perfection I had made up"
"Valamiféle tökéletességet képzeltem el, amit kitaláltam"
"but I have learned to leave the world as it is"
"de megtanultam úgy hagyni a világot, ahogy van"
"I have learned to love the world as it is"
"Megtanultam szeretni a világot olyannak, amilyen"
"and I learned to enjoy being a part of it"
"és megtanultam élvezni, hogy részese lehetek ennek"
"These, oh Govinda, are some of the thoughts which have come into my mind"
"Ezek, ó, Govinda, azok a gondolatok, amelyek eszembe jutottak"

Siddhartha bent down and picked up a stone from the ground
Sziddhárta lehajolt, és felvett egy követ a földről
he weighed the stone in his hand
megmérte a követ a kezében
"This here," he said playing with the rock, "is a stone"
– Ez itt – mondta a sziklával játszva –, ez egy kő.
"this stone will, after a certain time, perhaps turn into soil"
"ez a kő egy bizonyos idő elteltével talán talaj lesz"
"it will turn from soil into a plant or animal or human being"
"talajból növényké, állattá vagy emberré válik"
"In the past, I would have said this stone is just a stone"
"Régebben azt mondtam volna, hogy ez a kő csak egy kő"
"I might have said it is worthless"
– Mondhattam volna, hogy nem ér semmit.
"I would have told you this stone belongs to the world of the Maya"

"Mondtam volna, hogy ez a kő a maják világához tartozik"
"but I wouldn't have seen that it has importance"
"de nem láttam volna, hogy ennek jelentősége van"
"it might be able to become a spirit in the cycle of transformations"
"lehet, hogy szellemmé válhat az átalakulások körforgásában"
"therefore I also grant it importance"
"ezért én is fontosnak tartom"
"Thus, I would perhaps have thought in the past"
"Így talán azt hittem volna a múltban"
"But today I think differently about the stone"
"De ma már másképp gondolom a kőről"
"this stone is a stone, and it is also animal, god, and Buddha"
"ez a kő egy kő, és egyben állat, isten és Buddha"
"I do not venerate and love it because it could turn into this or that"
"Nem tisztelem és nem szeretem, mert ez vagy azzá válhat"
"I love it because it is those things"
"Szeretem, mert ezek a dolgok"
"this stone is already everything"
"ez a kő már minden"
"it appears to me now and today as a stone"
"Nekem most és ma kőnek tűnik"
"that is why I love this"
"ezért szeretem ezt"
"that is why I see worth and purpose in each of its veins and cavities"
"Ezért látok értéket és célt minden egyes erében és üregében"
"I see value in its yellow, gray, and hardness"
"Értéket látok sárgájában, szürkében és keménységében"
"I appreciated the sound it makes when I knock at it"
"Nagyra értékelem a hangot, amit akkor ad ki, amikor kopogok"
"I love the dryness or wetness of its surface"
"Imádom a felületének szárazságát vagy nedvességét"
"There are stones which feel like oil or soap"

"Vannak kövek, amelyek olajnak vagy szappannak tűnnek"
"and other stones feel like leaves or sand"
"és más kövek levélnek vagy homoknak tűnnek"
"and every stone is special and prays the Om in its own way"
"és minden kő különleges, és a maga módján imádkozik az Om-hoz."
"each stone is Brahman"
"minden kő Brahman"
"but simultaneously, and just as much, it is a stone"
"de ugyanakkor, és éppúgy, ez egy kő"
"it is a stone regardless of whether it's oily or juicy"
"Ez egy kő, függetlenül attól, hogy olajos vagy lédús"
"and this why I like and regard this stone"
"És ezért szeretem és tekintem ezt a követ"
"it is wonderful and worthy of worship"
"Csodálatos és méltó az imádatra"
"But let me speak no more of this"
– De hadd ne beszéljek erről többet!
"words are not good for transmitting the secret meaning"
"a szavak nem alkalmasak a titkos jelentés átadására"
"everything always becomes a bit different, as soon as it is put into words"
"Mindig minden egy kicsit más lesz, amint szavakba öntik"
"everything gets distorted a little by words"
"mindent egy kicsit eltorzítanak a szavak"
"and then the explanation becomes a bit silly"
"és akkor a magyarázat egy kicsit ostoba lesz"
"yes, and this is also very good, and I like it a lot"
"igen, és ez is nagyon jó, és nagyon szeretem"
"I also very much agree with this"
"Ezzel én is nagyon egyetértek"
"one man's treasure and wisdom always sounds like foolishness to another person"
"Az egyik ember kincse és bölcsessége mindig bolondságnak tűnik a másik számára"
Govinda listened silently to what Siddhartha was saying

Govinda némán hallgatta, mit mond Sziddhárta
there was a pause and Govinda hesitantly asked a question
szünet következett, és Govinda tétován feltett egy kérdést
"Why have you told me this about the stone?"
– Miért mondtad ezt nekem a kőről?
"I did it without any specific intention"
"Minden konkrét szándék nélkül tettem"
"perhaps what I meant was, that I love this stone and the river"
"talán arra gondoltam, hogy szeretem ezt a követ és a folyót"
"and I love all these things we are looking at"
"És szeretem ezeket a dolgokat, amiket nézünk"
"and we can learn from all these things"
"és ezekből a dolgokból tanulhatunk"
"I can love a stone, Govinda"
– Tudok szeretni egy követ, Govinda
"and I can also love a tree or a piece of bark"
"És tudok szeretni egy fát vagy egy darab kérget"
"These are things, and things can be loved"
"Ezek dolgok, és a dolgokat lehet szeretni"
"but I cannot love words"
"de nem tudom szeretni a szavakat"
"therefore, teachings are no good for me"
"ezért a tanítások nem jók nekem"
"teachings have no hardness, softness, colours, edges, smell, or taste"
"a tanításnak nincs keménysége, lágysága, színe, éle, szaga vagy íze"
"teachings have nothing but words"
"a tanításban nincs más, mint szavak"
"perhaps it is words which keep you from finding peace"
"talán a szavak akadályoznak meg abban, hogy békét találj"
"because salvation and virtue are mere words"
"mert az üdvösség és az erény puszta szavak"
"Sansara and Nirvana are also just mere words, Govinda"
"Sansara és Nirvána is csak szavak, Govinda"

"there is no thing which would be Nirvana"
"nincs olyan dolog, ami Nirvána lenne"
"therefore Nirvana is just the word"
" ezért a Nirvána csak a szó"
Govinda objected, "Nirvana is not just a word, my friend"
Govinda ellenkezett: "A nirvána nem csak egy szó, barátom"
"Nirvana is a word, but also it is a thought"
"A nirvána egy szó, de egyben gondolat is"
Siddhartha continued, "it might be a thought"
Sziddhárta folytatta: "Ez egy gondolat lehet"
"I must confess, I don't differentiate much between thoughts and words"
"Be kell vallanom, nem nagyon teszek különbséget gondolatok és szavak között"
"to be honest, I also have no high opinion of thoughts"
"Őszintén szólva nekem sincs nagy véleményem a gondolatokról"
"I have a better opinion of things than thoughts"
"Jobb véleményem van a dolgokról, mint a gondolataim"
"Here on this ferry-boat, for instance, a man has been my predecessor"
"Itt ezen a kompon például egy férfi volt az elődöm"
"he was also one of my teachers"
"Ő is az egyik tanárom volt"
"a holy man, who has for many years simply believed in the river"
"egy szent ember, aki sok éven át egyszerűen hitt a folyóban"
"and he believed in nothing else"
"és semmi másban nem hitt"
"He had noticed that the river spoke to him"
– Észrevette, hogy a folyó beszél hozzá.
"he learned from the river"
"a folyóból tanult"
"the river educated and taught him"
"a folyó nevelte és tanította"
"the river seemed to be a god to him"

"A folyó istennek tűnt számára"
"for many years he did not know that everything was as divine as the river"
"Sok évig nem tudta, hogy minden olyan isteni, mint a folyó"
"the wind, every cloud, every bird, every beetle"
"a szél, minden felhő, minden madár, minden bogár"
"they can teach just as much as the river"
"csak annyit tudnak tanítani, mint a folyó"
"But when this holy man went into the forests, he knew everything"
"De amikor ez a szent ember az erdőkbe ment, mindent tudott"
"he knew more than you and me, without teachers or books"
"Többet tudott, mint te és én, tanárok és könyvek nélkül"
"he knew more than us only because he had believed in the river"
"csak azért tudott többet nálunk, mert hitt a folyóban"

Govinda still had doubts and questions
Govindának még mindig voltak kétségei és kérdései
"But is that what you call things actually something real?"
– De ez az, amit te dolgoknak nevezel, valójában valami valóságos?
"do these things have existence?"
"vannak ezek a dolgok?"
"Isn't it just a deception of the Maya"
"Nem csak a maják megtévesztése?"
"aren't all these things an image and illusion?"
"Ezek a dolgok nem kép és illúzió?"
"Your stone, your tree, your river"
"A te köved, a fájod, a folyód"
"are they actually a reality?"
– Valóban valóságosak?
"This too," spoke Siddhartha, "I do not care very much about"
– Ez is – mondta Sziddhárta –, nem nagyon érdekel.

"**Let the things be illusions or not**"
"Legyenek a dolgok illúziók vagy ne"
"**after all, I would then also be an illusion**"
"elvégre én is illúzió lennék"
"**and if these things are illusions then they are like me**"
"És ha ezek a dolgok illúziók, akkor olyanok, mint én"
"**This is what makes them so dear and worthy of veneration for me**"
"Ez az, ami miatt olyan kedvesek és tiszteletre méltóak számomra"
"**these things are like me and that is how I can love them**"
"ezek a dolgok olyanok, mint én, és így tudom szeretni őket"
"**this is a teaching you will laugh about**"
"Ez az a tanítás, amin nevetni fogsz"
"**love, oh Govinda, seems to me to be the most important thing of all**"
"Számomra a szerelem, ó, Govinda, a legfontosabb az egészben"
"**to thoroughly understand the world may be what great thinkers do**"
"A világ alapos megértése az, amit a nagy gondolkodók tesznek"
"**they explain the world and despise it**"
"megmagyarázzák a világot és megvetik"
"**But I'm only interested in being able to love the world**"
"De engem csak az érdekel, hogy szeressem a világot"
"**I am not interested in despising the world**"
"Nem érdekel a világ megvetése"
"**I don't want to hate the world**"
"Nem akarom utálni a világot"
"**and I don't want the world to hate me**"
"És nem akarom, hogy a világ gyűlöljön"
"**I want to be able to look upon the world and myself with love**"
"Szeretettel akarok nézni a világra és magamra"
"**I want to look upon all beings with admiration**"

"Csodálattal akarok nézni minden lényre"
"I want to have a great respect for everything"
"Nagyon tisztelni akarok mindent"
"This I understand," spoke Govinda
– Megértem – mondta Govinda
"But this very thing was discovered by the exalted one to be a deception"
"De ezt a magasztos ember csalásnak találta"
"He commands benevolence, clemency, sympathy, tolerance"
"Jóakaratot, kegyelmet, együttérzést, toleranciát parancsol"
"but he does not command love"
"de nem parancsol szeretetet"
"he forbade us to tie our heart in love to earthly things"
"megtiltotta, hogy szeretettel a földi dolgokhoz kössük szívünket"
"I know it, Govinda," said Siddhartha, and his smile shone golden
– Tudom, Govinda – mondta Sziddhárta, és mosolya aranylóan ragyogott
"And behold, with this we are right in the thicket of opinions"
"És íme, ezzel igazunk van a vélemények sűrűjében"
"now we are in the dispute about words"
"Most a szavakról vitatkozunk"
"For I cannot deny, my words of love are a contradiction"
"Mert nem tagadhatom, szerelmes szavaim ellentmondásosak"
"they seem to be in contradiction with Gotama's words"
"Úgy tűnik, ellentmondanak Gotama szavainak"
"For this very reason, I distrust words so much"
"Éppen ezért nem bízom annyira a szavakban"
"because I know this contradiction is a deception"
"mert tudom, hogy ez az ellentmondás megtévesztés"
"I know that I am in agreement with Gotama"
"Tudom, hogy egyetértek Gotamával"
"How could he not know love when he has discovered all elements of human existence"

"Hogyan ne ismerhetné meg a szerelmet, ha az emberi lét minden elemét felfedezte"
"he has discovered their transitoriness and their meaninglessness"
"Felfedezte átmenetiségüket és értelmetlenségüket"
"and yet he loved people very much"
"És mégis nagyon szerette az embereket"
"he used a long, laborious life only to help and teach them!"
"hosszú, fáradságos életét csak arra használta, hogy segítse és tanítsa őket!"
"Even with your great teacher, I prefer things over the words"
"Még a nagyszerű tanároddal is jobban szeretem a dolgokat, mint a szavakat"
"I place more importance on his acts and life than on his speeches"
"Nagyobb jelentőséget tulajdonítok tetteinek és életének, mint a beszédeinek"
"I value the gestures of his hand more than his opinions"
"Többre értékelem a kézmozdulatait, mint a véleményét"
"for me there was nothing in his speech and thoughts"
"Számomra nem volt semmi a beszédében és a gondolataiban"
"I see his greatness only in his actions and in his life"
"Csak a tetteiben és az életében látom nagyságát"

For a long time, the two old men said nothing
A két öreg sokáig nem szólt semmit
Then Govinda spoke, while bowing for a farewell
Aztán Govinda megszólalt, miközben búcsúzóul meghajolt
"I thank you, Siddhartha, for telling me some of your thoughts"
"Köszönöm, Sziddhárta, hogy elmondtad néhány gondolatodat"
"These thoughts are partially strange to me"
"Ezek a gondolatok részben furcsák számomra"

"not all of these thoughts have been instantly understandable to me"
"Nem mindegyik gondolat érthető meg számomra azonnal"
"This being as it may, I thank you"
"Bárhogy is legyen, köszönöm"
"and I wish you to have calm days"
"És kívánok nyugodt napokat"
But secretly he thought something else to himself
De titokban mást gondolt magában
"This Siddhartha is a bizarre person"
"Ez a Sziddhárta egy bizarr ember"
"he expresses bizarre thoughts"
"bizarr gondolatokat fejez ki"
"his teachings sound foolish"
"A tanításai hülyén hangzanak"
"the exalted one's pure teachings sound very different"
"a magasztos ember tiszta tanításai egészen másként hangzanak"
"those teachings are clearer, purer, more comprehensible"
"ezek a tanítások világosabbak, tisztábbak, érthetőbbek"
"there is nothing strange, foolish, or silly in those teachings"
"Nincs semmi különös, ostoba vagy ostoba ezekben a tanításokban"
"But Siddhartha's hands seemed different from his thoughts"
"De Sziddhárta kezei különböztek a gondolataitól"
"his feet, his eyes, his forehead, his breath"
"a lába, a szeme, a homloka, a lehelete"
"his smile, his greeting, his walk"
"a mosolya, az üdvözlése, a sétája"
"I haven't met another man like him since Gotama became one with the Nirvana"
"Nem találkoztam még hozzá hasonló emberrel, mióta Gotama eggyé vált a Nirvánával"
"since then I haven't felt the presence of a holy man"
"Azóta nem éreztem egy szent ember jelenlétét"

"I have only found Siddhartha, who is like this"
"Csak Sziddhártát találtam, aki ilyen"
"his teachings may be strange and his words may sound foolish"
"Tanításai furcsák lehetnek, és szavai hülyén hangzanak"
"but purity shines out of his gaze and hand"
"de tekintetéből és kezéből tisztaság ragyog"
"his skin and his hair radiates purity"
"a bőre és a haja tisztaságot sugároz"
"purity shines out of every part of him"
"Minden részéből tisztaság ragyog"
"a calmness, cheerfulness, mildness and holiness shines from him"
"nyugalom, vidámság, szelídség és szentség sugárzik belőle"
"something which I have seen in no other person"
"valami, amit más emberben nem láttam"
"I have not seen it since the final death of our exalted teacher"
"Magasztos tanárunk végső halála óta nem láttam"
While Govinda thought like this, there was a conflict in his heart
Amíg Govinda így gondolkodott, szívében konfliktus volt
he once again bowed to Siddhartha
még egyszer meghajolt Sziddhárta előtt
he felt he was drawn forward by love
úgy érezte, a szerelem vonzza előre
he bowed deeply to him who was calmly sitting
mélyen meghajolt a nyugodtan ülő előtt
"Siddhartha," he spoke, "we have become old men"
„Sziddhárta – mondta –, öregek lettünk.
"It is unlikely for one of us to see the other again in this incarnation"
"Nem valószínű, hogy egyikünk viszontlátja a másikat ebben az inkarnációban"
"I see, beloved, that you have found peace"
"Látom, szeretteim, hogy békét találtál"

"I confess that I haven't found it"
"Bevallom, hogy nem találtam"
"Tell me, oh honourable one, one more word"
"Mondj, tisztelt, még egy szót!"
"give me something on my way which I can grasp"
"Adj valamit az utamba, amit meg tudok fogni"
"give me something which I can understand!"
– Adj valamit, amit megértek!
"give me something I can take with me on my path"
"Adj valamit, amit magammal vihetek az utamon"
"my path is often hard and dark, Siddhartha"
"Az utam gyakran nehéz és sötét, Sziddhárta"
Siddhartha said nothing and looked at him
Sziddhárta nem szólt semmit, és ránézett
he looked at him with his ever unchanged, quiet smile
– nézett rá mindig változatlan, csendes mosolyával
Govinda stared at his face with fear
Govinda félve meredt az arcába
there was yearning and suffering in his eyes
vágy és szenvedés volt a szemében
the eternal search was visible in his look
tekintetén látszott az örök keresés
you could see his eternal inability to find
láthatta örök képtelenségét megtalálni
Siddhartha saw it and smiled
Sziddhárta látta, és elmosolyodott
"Bend down to me!" he whispered quietly in Govinda's ear
– Hajolj le hozzám! – suttogta csendesen Govinda fülébe
"Like this, and come even closer!"
– Így, és gyere még közelebb!
"Kiss my forehead, Govinda!"
– Csókold meg a homlokomat, Govinda!
Govinda was astonished, but drawn on by great love and expectation
Govinda megdöbbent, de a nagy szeretet és várakozás vonzotta

he obeyed his words and bent down closely to him
engedelmeskedett a szavainak, és szorosan lehajolt hozzá
and he touched his forehead with his lips
és ajkával megérintette a homlokát
when he did this, something miraculous happened to him
amikor ezt megtette, valami csoda történt vele
his thoughts were still dwelling on Siddhartha's wondrous words
gondolatai még mindig Sziddhárta csodálatos szavain jártak
he was still reluctantly struggling to think away time
még mindig vonakodva küzdött, hogy elgondolkozzon az időn
he was still trying to imagine Nirvana and Sansara as one
még mindig egyként próbálta elképzelni a Nirvánát és a Sansarát
there was still a certain contempt for the words of his friend
barátja szavai iránt még mindig volt némi megvetés
those words were still fighting in him
ezek a szavak még mindig harcoltak benne
those words were still fighting against an immense love and veneration
ezek a szavak még mindig a hatalmas szeretet és tisztelet ellen harcoltak
and during all these thoughts, something else happened to him
és mindezen gondolatok alatt valami más is történt vele
He no longer saw the face of his friend Siddhartha
Már nem látta barátja, Sziddhárta arcát
instead of Siddhartha's face, he saw other faces
Sziddhárta arca helyett más arcokat látott
he saw a long sequence of faces
hosszú arcsort látott
he saw a flowing river of faces
meglátta az arcok folyó folyóját
hundreds and thousands of faces, which all came and disappeared

arcok százai és ezrei, amelyek mind jöttek és eltűntek
and yet they all seemed to be there simultaneously
és mégis úgy tűnt, hogy mind egyszerre voltak ott
they constantly changed and renewed themselves
folyamatosan változtak és megújultak
they were themselves and they were still all Siddhartha's face
önmaguk voltak, és még mindig mind Sziddhárta arca
he saw the face of a fish with an infinitely painfully opened mouth
egy végtelenül fájdalmasan tátott szájú hal arcát látta
the face of a dying fish, with fading eyes
egy haldokló hal arca, elhalványuló szemekkel
he saw the face of a new-born child, red and full of wrinkles
egy újszülött gyermek arcát látta, vörös és ráncokkal teli
it was distorted from crying
eltorzult a sírástól
he saw the face of a murderer
egy gyilkos arcát látta
he saw him plunging a knife into the body of another person
látta, amint egy kést beledöfög egy másik ember testébe
he saw, in the same moment, this criminal in bondage
ugyanabban a pillanatban látta ezt a rabságban lévő bűnözőt
he saw him kneeling before a crowd
látta a tömeg előtt térdelni
and he saw his head being chopped off by the executioner
és látta, hogy a hóhér levágja a fejét
he saw the bodies of men and women
férfiak és nők holttestét látta
they were naked in positions and cramps of frenzied love
meztelenül álltak testhelyzetben és görcsösen az őrjöngő szerelemtől
he saw corpses stretched out, motionless, cold, void
holttesteket látott kinyújtva, mozdulatlanul, hidegen, üresen
he saw the heads of animals

látta az állatok fejét
heads of boars, of crocodiles, and of elephants
vaddisznók, krokodilok és elefántok fejei
he saw the heads of bulls and of birds
látta a bikák és a madarak fejét
he saw gods; Krishna and Agni
isteneket látott; Krishna és Agni
he saw all of these figures and faces in a thousand relationships with one another
mindezeket az alakokat és arcokat ezernyi kapcsolatban látta egymással
each figure was helping the other
mindegyik alak segítette a másikat
each figure was loving their relationship
mindegyik alak imádta kapcsolatukat
each figure was hating their relationship, destroying it
mindegyik figura gyűlölte kapcsolatukat, tönkretette azt
and each figure was giving re-birth to their relationship
és mindegyik alak újjáélesztette kapcsolatukat
each figure was a will to die
minden alak a meghalni akarás volt
they were passionately painful confessions of transitoriness
szenvedélyesen fájdalmas vallomások voltak az átmenetiségről
and yet none of them died, each one only transformed
és mégsem halt meg egyikük sem, mindegyik csak átalakult
they were always reborn and received more and more new faces
mindig újjászülettek, és egyre több új arcot kaptak
no time passed between the one face and the other
nem telt el idő az egyik arc és a másik között
all of these figures and faces rested
mindezek az alakok és arcok pihentek
they flowed and generated themselves
önmagukat áramolták és generálták
they floated along and merged with each other

végig lebegtek és összeolvadtak egymással
and they were all constantly covered by something thin
és mindet állandóan takarta valami vékony
they had no individuality of their own
nem volt saját egyéniségük
but yet they were existing
de mégis léteztek
they were like a thin glass or ice
olyanok voltak, mint egy vékony pohár vagy jég
they were like a transparent skin
olyanok voltak, mint egy átlátszó bőr
they were like a shell or mould or mask of water
olyanok voltak, mint egy kagyló, penész vagy vízmaszk
and this mask was smiling
és ez a maszk mosolygott
and this mask was Siddhartha's smiling face
ez a maszk pedig Sziddhárta mosolygós arca volt
the mask which Govinda was touching with his lips
a maszkot, amelyet Govinda az ajkával érintett meg
And, Govinda saw it like this
És Govinda így látta
the smile of the mask
a maszk mosolya
the smile of oneness above the flowing forms
az egység mosolya az áramló formák fölött
the smile of simultaneousness above the thousand births and deaths
az egyidejűség mosolya ezer születés és halál fölött
the smile of Siddhartha's was precisely the same
Siddhartha mosolya pontosan ugyanaz volt
Siddhartha's smile was the same as the quiet smile of Gotama, the Buddha
Sziddhárta mosolya ugyanaz volt, mint Gótama, a Buddha csendes mosolya
it was delicate and impenetrable smile
finom és áthatolhatatlan mosoly volt

perhaps it was benevolent and mocking, and wise
talán jóindulatú volt, gúnyos és bölcs
the thousand-fold smile of Gotama, the Buddha
Gótama, Buddha ezerszeres mosolya
as he had seen it himself with great respect a hundred times
ahogy ő maga százszor nagy tisztelettel látta
Like this, Govinda knew, the perfected ones are smiling
Govinda tudta, hogy így a tökéletesek mosolyognak
he did not know anymore whether time existed
már nem tudta, létezik-e idő
he did not know whether the vision had lasted a second or a hundred years
nem tudta, hogy a látomás egy másodpercig vagy száz évig tartott
he did not know whether a Siddhartha or a Gotama existed
nem tudta, hogy létezik-e Sziddhárta vagy Gótama
he did not know if a me or a you existed
nem tudta, hogy én vagy te létezel
he felt in his as if he had been wounded by a divine arrow
úgy érezte magát, mintha egy isteni nyíl sebezte volna meg
the arrow pierced his innermost self
a nyílvessző legbelsőbb énjébe fúródott
the injury of the divine arrow tasted sweet
az isteni nyíl sérülése édes ízű volt
Govinda was enchanted and dissolved in his innermost self
Govinda el volt varázsolva, és feloldódott legbensőbb énjében
he stood still for a little while
mozdulatlanul állt egy darabig
he bent over Siddhartha's quiet face, which he had just kissed
– hajolt Siddhartha csendes arca fölé, akit az imént csókolt meg
the face in which he had just seen the scene of all manifestations
az arc, amelyen az imént minden megnyilvánulás színhelyét látta

the face of all transformations and all existence
minden átalakulás és minden létezés arca
the face he was looking at was unchanged
az arc, amelyet nézett, változatlan maradt
under its surface, the depth of the thousand folds had closed up again
felszíne alatt ismét bezárult az ezer redő mélysége
he smiled silently, quietly, and softly
némán, halkan és halkan mosolygott
perhaps he smiled very benevolently and mockingly
talán nagyon jóindulatúan és gúnyosan mosolygott
precisely this was how the exalted one smiled
pontosan így mosolygott a magasztos
Deeply, Govinda bowed to Siddhartha
Govinda mélyen meghajolt Sziddhárta előtt
tears he knew nothing of ran down his old face
könnyek folytak végig régi arcán, amiről semmit sem tudott
his tears burned like a fire of the most intimate love
könnyei a legbensőségesebb szerelem tüzeként égtek
he felt the humblest veneration in his heart
a legalázatosabb tiszteletet érezte szívében
Deeply, he bowed, touching the ground
Mélyen meghajolt, megérintette a földet
he bowed before him who was sitting motionlessly
meghajolt előtte, aki mozdulatlanul ült
his smile reminded him of everything he had ever loved in his life
mosolya mindarra emlékeztette, amit valaha is szeretett életében
his smile reminded him of everything in his life that he found valuable and holy
mosolya mindenre emlékeztette az életében, amit értékesnek és szentnek talált

www.tranzlaty.com

www.ingramcontent.com/pod-product-compliance
Lightning Source LLC
Chambersburg PA
CBHW012002090526
44590CB00026B/3837

* 9 7 8 1 8 3 5 6 6 6 8 5 2 *